마태를 따라서

# 마태를 따라서

발행일      2024년 5월 16일

지은이      김덕남
펴낸이      손형국
펴낸곳      (주)북랩
편집인      선일영                          편집    김은수, 배진용, 김현아, 김다빈, 김부경
디자인      이현수, 김민하, 임진형, 안유경, 한수희      제작    박기성, 구성우, 이창영, 배상진
마케팅      김회란, 박진관
출판등록    2004. 12. 1(제2012-000051호)
주소        서울특별시 금천구 가산디지털 1로 168, 우림라이온스밸리 B동 B113~115호, C동 B101호
홈페이지    www.book.co.kr
전화번호    (02)2026-5777                    팩스    (02)3159-9637

ISBN       979-11-7224-112-4 03230 (종이책)          979-11-7224-113-1 05230 (전자책)

**(주)북랩** 성공출판의 파트너

북랩 홈페이지와 패밀리 사이트에서 다양한 출판 솔루션을 만나 보세요!

**홈페이지** book.co.kr    •    **블로그** blog.naver.com/essaybook    •    **출판문의** book@book.co.kr

**작가 연락처 문의 ▸ ask.book.co.kr**

작가 연락처는 개인정보이므로 북랩에서 알려드릴 수 없습니다.

한 목회자가 전하는 마태복음의 핵심 메시지

# 마태를 따라서

김덕남 지음

북랩

마태복음은 신약의 첫 책입니다. 모든 성경은 하나님의 말씀이라는 신적 권위 측면에서 동등하지만, 신약 교회에 가장 필요하고 중요한 책을 하나 꼽으라면 저는 마태의 책을 뽑는 데 주저하지 않을 것입니다. 교회의 역사 가운데 마태복음은 신약성경 중 첫 책으로 인정받아 왔기 때문입니다.

한국 교회의 그리스도인들이 마태복음의 말씀만이라도 바로 깨닫고 실천하기에 힘써왔다면 오늘날의 한국 교회의 모습은 많이 달랐을 것입니다. 마태복음이 증언하는 그리스도의 가르침과 삶은 종교인들의 위선이나 권위주의와는 대척점에 있기 때문입니다.

마태가 전하고 있는 하나님 나라의 복음, 구원의 길에 모든 걸림들을 제거하시고 십자가의 자리까지 온전히 순종하신 하나님의 아들의 공로로 모든 믿는 자들에게 하나님 나라의 구원의 문이 활짝 열렸습니다. 주님은 제자들을 부르시고 훈련시키시고 모든 민족으로 보내십니다. 이 기쁜 소식은 민족, 인종, 성별, 그리고 신분을 뛰어넘어 만민에게 전파되어야 합니다.

이 책에서 마태복음의 모든 것을 풀어내지는 못하였습니다. 다만 마태복음이라는 하나의 산맥과 큰 봉우리들의 의미를 놓치지 않으려고 하였습니다. 그러면서 특징적인 몇 그루의 나무들이 산 전체에서 어떤 의미를 주는지를 이해하려 노력하였습니다. 이 책을 읽는 독자들에게 마태복음에서 마태의 의도를 발견하는 데 겨자씨만한 도움이라도 되기를 소원합니다.

# · 목차 ·

# 3부: 새 포도주는 새 부대에

# 4부: 창세로부터 감추인 보물, 하나님의 나라

# 5부: 이 땅의 하나님 나라, 내 교회를 세우리라

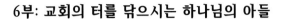

## 6부: 교회의 터를 닦으시는 하나님의 아들

## 7부: 메시아의 투쟁

## 8부: 하나님의 나라는

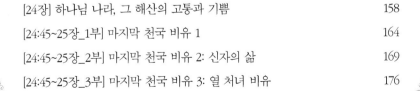

# 9부: 모든 민족을, 세상 끝날까지

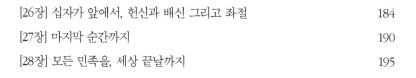

# 1부

# 메시아의 등장

마태는 아담의 계보의 책(창 5:1)과 같이 예수 그리스도의 책으로 시작하고 있습니다. 드디어 첫 사람 아담의 실패를 회복하실 약속된 메시아가 오셨습니다. 그분은 약속대로 아브라함과 다윗의 후손이십니다. 유대인과 모든 민족을 그들의 죄와 사망으로부터 해방하실 것입니다.

# [1장 1~17절]
# 새 창조, 죄인들을 구원할 그리스도의 오심

## 비블로스 게네세오스(Βίβλος γενέσεως): 기원, 시작의 책

마태복음의 시작을 알리는, 그리스도의 계보로 번역된, 이 두 단어는 하나님께서 세상을 창조하신 그 기원에 관한 책과 대비됩니다. 마태는 예수 그리스도로 시작되는 새로운 시작(새 창조)을 함의하는 단어를 선택하였습니다.[1]

시작은 예수 그리스도를 통한 새로운 시작(새 창조)이며, 끝맺음은 복음으로 모든 민족을 제자 삼는 것(28:18~20)이 이 책의 겉표지입니다. 이 구도에는 저자의 기록 의도가 있습니다.

마태는 이 책에서, 일차 독자인 유대인들을 예수 그리스도께서 시작하신 새롭고 영원한 하나님 나라의 백성으로 초대하고 있습니다. 그뿐만 아니라 이 영원한 나라의 복음은 유대 땅과 혈통적 울타리를 뛰어넘어 모든 민족과 죄인을 포함한 모든 계층의 사람들에게 전파되어야 한다는 메시지를 담고 있는 것입니다.

---

[1] Leon Morris, The Gospel according to Matthew, 1992, 23.

그 나라는 그리스도로부터 보내심을 받은 제자들의 모든 민족을 제자 삼는 사역(세례를 주고, 말씀을 지키도록 가르치는)을 통해 세워져 갈 것입니다.

## 아브라함과 다윗의 자손

1:1 아브라함과 다윗의 자손 예수 그리스도의 계보라

마태가 아브라함과 다윗을 강조하는 이유가 있습니다. 하나님께서 아브라함과 다윗에게 약속하신 메시아에 대한 약속의 말씀이 예수 그리스도로 성취되었음을 선포하는 것입니다. 하나님의 언약적 사랑의 정점, 죄인들을 위하여 자기 아들을 죄인의 모습으로 나게 하시고 죄의 형벌을 그 생명으로 대속하시는 하나님의 사랑, 이것이 성경의 메시지이고 마태복음의 메시지입니다.

## 마 1장 1~17: 마태복음에서 족보의 역할

마태복음은 유대인을 위한 복음서라고 합니다. 유대인에게 약속된 메시아는 아브라함과 다윗의 자손으로 오실 분이시기 때문에, 이 족보는 그들에게 메시아를 증거하는 강력한 힘이 있습니다. 따라서 이 족보는 당시 고통 중에 있던(마치 출애굽 전의 상황처럼) 유대인들이 그토록 바랐던 메시아의 오심(메시아 대망 사상)에 대한 마태의 답변이었을 겁니다.

그러나 이 족보에는 하나님께 선택받은 민족적 정체성과 영광스러웠던 역사만을 기록하지 않았습니다. 그들의 수치스러운 죄(1:2~6)와 형벌의 역사(1:11~12)를 함께 기록하고 있다는 것을 주목할 필요가 있습니다.

이 신학적 의문은 21절에서 해소됩니다. "아들을 낳으리니 이름을 예수라 하라. 이는 그가 자기 백성을 그들의 죄에서 구원할 자이심이라 하니라."(마 1:21)

## 적용 및 기도

1) 그리스도를 따르는 새언약의 백성들은 새 창조에 속한 자들입니다. 그리스도 안에서 우리는 죄와 사망의 족쇄에서 해방된 부활의 자녀들입니다. 우리의 근본이 변화되었습니다. 그 안에서 우리는 진정한 자유와 영원한 생명을 누립니다.

2) 마태복음의 족보에서 죄인들을 향한 하나님의 사랑을 발견할 수 있습니다. 하나님의 사랑이 우리를 그리스도께로 인도합니다. 하나님의 사랑이 우리 삶의 동력입니다. 마태복음을 읽으며 그 사랑이 충만해지기를 소원합니다.

# [1:18~2장]
# 메시아(그리스도)의 탄생

## 마태의 의도

마태는 누가의 기록과는 전혀 다른 예수님의 탄생과 유년기의 기사를 기록해 두었습니다. 두 복음서의 내용은 겹치는 게 딱히 없습니다. 마태는 이 책에 기록해야 할 가장 중요한 것을 선별했을 것입니다. 이후에 누가는 모든 일의 근원을 자세히 살펴본(눅 1:3) 이후 마태의 기록을 보충한 것으로 볼 수 있습니다.(눅 1:4) 마가는 이 부분을 한 문장으로 요약합니다. '하나님의 아들 예수 그리스도의 복음의 시작'(막 1:1)

마태는 예수 그리스도의 동정녀 수태에 대한 계시 중 특별히 요셉과 관련된 이야기를 기록하고 있습니다. 요셉은 다윗 왕의 후손으로 예수님께 '유대인의 왕'이라는 자격을 부여해 줍니다. 성경적으로 그리스도는 아브라함과 다윗 그리고 여인의 후손(창 3:15)으로 오셔야 하는데, 이 모든 계시의 완성을 강조함에 있어 요셉이라는 인물은 중요한 연결고리입니다.

마태가 기록하는 두 기사를 통해 우리는 그가 경험한 예수를 간접적으로 만나게 됩니다.

1. 수태고지: 하나님의 아들 되심, 임마누엘의 하나님
2. 동방박사의 방문: 유대인의 왕, 이스라엘의 목자로 오신 그리스도 이심을 강조

## 새로운 이스라엘의 시작

예수께서 헤롯을 피해 애굽에 피난 갔다 돌아온 사건은 단순히 성경의 예언을 성취한 것 이상입니다. 마태는 이 사건 이후 세례와 광야의 시험순으로 이야기를 기록하는데, 이것은 이스라엘이 홍해를 건너 (고전 10:1~2)고 광야 40년의 시험을 받은 것과 대치됩니다. 예수님은 이스라엘의 실패를 회복하실 하나님의 약속된 아들, 새 이스라엘이십니다.(2:15)

## 적용 및 기도

1) 마태가 증거하는 그리스도가 바로 우리가 믿는 예수님이십니다. 나를 죄로부터 구원하시고 영생을 선물로 주시는 분이시며 날마다 나와 동행하시며 새 힘 주시는 임마누엘의 하나님이십니다.

2) 이제 우리는 믿음으로 새 이스라엘의 백성이 되었습니다. 예수님은 우리의 왕이시며 목자 되십니다. 하나님 나라의 의와 그분의 통치를 구하며 오늘도 충만한 은혜를 누리게 되기를 소원합니다.

# [3장]
# 모든 의를 이루시는 하나님의 아들

## 문맥

마태는 이스라엘이 세워지던 과정과 예수님의 탄생부터 공생애 사역을 연결합니다.(마 2:15) 그 맥락에서 예수님께서는 구약의 이스라엘처럼 세례를 받으시고(고전 10:1~2) 광야의 시험(마 4장)을 통과하실 것입니다.

## 요한의 사역: 회개의 세례

요한이 이스라엘에 물로 세례를 베푼 사역은 당시의 전통에 없던 새로운 것이었습니다. 성전 제사가 계속되고 있음에도 백성들은 요한의 메시지를 듣고 스스로 죄를 자복하며 회개의 세례를 받으러 나온 것입니다. 이 요한의 세례 기사에 대한 바른 해석은 저자의 의도를 바르게 이해할 수 있도록 안내할 것입니다.

## "모든 의를 이루는 것"

> 마 3:15 예수께서 대답하여 이르시되 이제 허락하라 우리가 이와
> 같이 하여 모든 의를 이루는 것이 합당하니라 하시니 이
> 에 요한이 허락하는지라

마태는 특별히 예수님께서 요한에게 세례를 받으시며 하신 말씀을 기록하고 있습니다.(3:15) 예수님께서는 이것을 통해 그의 사역을 인정하시고 그의 메시지와 자신의 메시지를 연결하십니다.[2] 결론적으로 세례 받는 것과 관련하여 '모든 의를 이룬다'라는 의미는 두 가지로 압축됩니다.

먼저 예수님께서 요한에게 세례를 받으신 행동은 옛 언약 백성이 홍해를 건넌 사건과 대비됩니다. 주님은 새 이스라엘의 자격으로 선조들이 도달해야 했던 하나님의 의의 완성을 이루실 것입니다.

두 번째는 성경이 증거한 메시아의 오심에 대한 언약의 성취를 의미합니다.(3:2) 옛 언약의 대표자인 요한의 세례와 성령강림 그리고 하늘로서 들리는 음성이 이것을 확증합니다. 이제 그 약속의 메시아이신 하나님의 아들이 새 시대, 새 이스라엘 나라를 시작하실 것입니다.

---

2  황원하, 마태복음, ed. 임경근 and 곽대영, 대한예수교장로회 총회출판국, 2014, 71.

## 요한의 메시지

다른 복음서와 다르게 마태의 세례요한 기사의 독특한 점은 회개하는 백성들과 회개하지 않는 자들(바리새인들과 사두개인들)을 구분하고 있다는 것입니다. 회개를 촉구하는 심판의 메시지가 종교지도자들을 향합니다.(3:7~12)

마태는 책의 서두에 그리스도의 사역을 방해하고 그를 대적하는 세상의 종교 권력을 소개하고 있습니다. 갈등이 고조되면서 마태복음 후반부(16장)에 이르러 그들은 세상의 교훈을 가르치는 자들이며, 천국 문을 닫는 자들임이 드러납니다. 예수님은 최종적으로 구원의 길에 가장 큰 걸림이 되는 그들을 심판하실 것입니다.(23장)

## 적용 및 기도

1) 언약에 신실하신 하나님의 사랑은 모든 민족을 구원하기 위하여 그 아들을 옛 언약 백성의 자리로 보내십니다. 실패한 백성의 위치에서 그들과 함께 새롭고 영원한 나라를 다시 세우십니다. 그들의 실패를 온전히 회복하시고 하나님의 구원 계획에 큰 역할을 감당하도록 은혜를 베푸십니다. 비록 실패하였지만, 신약 교회의 뿌리는 하나님의 아들을 메시아로 받은 옛 언약 백성들입니다.

2) 옛 언약을 대표하는 요한의 메시지와 새언약을 대표하는 예수님

의 메시지는 동일합니다. 외식하는 종교인들은 열매 없는 자들(쭉정이, 가라지)이며 최후에 영원한 불로 심판을 받게 될 것입니다. 이들은 경건의 모양은 있지만, 경건의 능력이 없는 자들입니다. 능력은 오직 사랑으로 역사하는 믿음에 있습니다.

# [4:1~11절_1부]
# 사탄의 시험 1: "네가 하나님의 아들이냐?"

4:1 그때에 예수께서 성령에게 이끌리어 마귀에게 시험을 받으러
　 광야로 가사
4:2 사십 일을 밤낮으로 금식하신 후에 주리신지라

　예수님은 요한에게 세례를 받으심으로 이스라엘 가운데 하나님의
아들로 선포되셨습니다. 이제 왕권을 회복하기 위한 여정이 시작될 것
입니다. 그런데 예수님은 왕권을 되찾기 위해 헤롯의 궁이 아닌 광야
로 가십니다. 영원한 하나님 나라, 새로운 이스라엘을 시작하시는 예
수님은 옛 언약 백성과 같은 시험을 통과해야 합니다.

4:3 시험하는 자가 예수께 나아와서 이르되 네가 만일 하나님의
　 아들이어든 명하여 이 돌들로 떡덩이가 되게 하라
4:4 예수께서 대답하여 이르시되 기록되었으되 사람이 떡으로만
　 살 것이 아니요 하나님의 입으로부터 나오는 모든 말씀으로
　 살 것이라 하였느니라 하시니

　출애굽 한 이스라엘 백성은 광야에서 하나님께서 주시는 양식을 먹
으며 자신들은 하나님의 말씀을 기준으로 살아가는 백성이라는 확고

한 인식을 가져야 했습니다.(신 8:2~3) 광야의 이스라엘 백성은 불완전하였지만 예수님은 온전히 시험을 통과하셨습니다.

## 예수님께서 음식을 만들어 드셨다면?

또한 이 시험은 메시아적 능력을 개인의 필요를 채우는 데 조금 사용하라는 유혹이기도 합니다. 예수님께서 광야 40일을 금식하신 이후 신적 능력으로 약간의 음식을 만들어 드셨다면 (그것이 아무리 적은 양이더라도) 이스라엘과 동등한 위치에서 시험을 치른 것이 아니게 됩니다. 하나님께서 아담과 이스라엘에게 요구하신 것(행위 언약)을 예수님은 사람의 신분과 능력으로 성취하셔야 합니다. 그렇지 않으면 하나님의 정당한 의의 요구는 사람이 지킬 수 없는 것이 되고 맙니다.

새언약 백성들은 예수님과 연합함으로 그분 안에서 그분의 공로로 얻어진 하나님의 의를 얻게 될 것입니다. 따라서 작은 떡 하나를 먹고 안 먹고의 문제가 아닙니다. 이것은 성경에 약속된 하나님의 구원 계획에 있어 중차대한 사안입니다. 예수님은 육신의 필요를 채우는 것보다 하나님의 계획을 지키고 말씀(언약)을 온전히 이루는 것을 더욱 중요히 여기셨습니다.

## 종합하면

첫 번째 시험은 '신자의 정체성을 묻는 시험'으로 볼 수 있습니다. 이 본문은 신자의 존재에 대한 정체성을 일깨워 주고 어떻게 살아야 하는가에 대한 근원적인 답변을 줍니다. 신자들에게도 음식은 중요합니다. 그러나 하나님의 말씀은 음식 이상으로 중요합니다. 음식은 육체적인 몸에 필요하지만, 하나님의 말씀은 영생으로 이끄는 삶의 태도와 방향의 나침반입니다.

세상에서 신자는 "당신은 누구(무엇)인가?"라는 질문을 받습니다. 이 질문에 우리는 삶의 모든 영역에서 "나는 하나님의 말씀을 먹고 그 말씀으로 힘을 얻으며 그 말씀의 실현을 위해 사는 그분의 자녀이다"라고 말할 수 있어야 합니다.

## 적용 및 기도

1) 예수님은 4:4절에서 사람의 생명이 음식이 아니라 하나님의 말씀에 있다고 말씀하십니다. 신자는 음식으로 육체의 힘을 얻는 것보다 하나님의 말씀을 먹고 말씀으로부터 힘을 얻기를 우선하며 더 중요하게 여겨야 합니다. 이런 장성한 그리스도인들이 이 땅에 가득하기를 소원합니다.

2) 예수님께서 언약(말씀)의 온전한 성취를 위해 사탄의 유혹을 물리

치셨습니다. 예수님은 하나님의 말씀이 이 땅 위에 실현되는 것을 제 일의 가치로 여기신 것입니다. 진정한 신자의 삶도 바로 이것입니다.

# [4:1~11절_2부]
# 사탄의 시험 2: "참된 믿음"

두 번째 시험은 믿음(신뢰)에 대한 것입니다. 이 시험의 진짜 의도는 하나님의 구원 계획과 방법(인도)에 대한 믿음(신뢰)을 묻는 것입니다.

> 4:5 이에 마귀가 예수를 거룩한 성으로 데려다가 성전 꼭대기에 세우고
>
> 4:6 이르되 네가 만일 하나님의 아들이어든 뛰어내리라 기록되었으되 그가 너를 위하여 그의 사자들을 명하시리니 그들이 손으로 너를 받들어 발이 돌에 부딪치지 않게 하리로다 하였느니라
>
> 4:7 예수께서 이르시되 또 기록되었으되 주 너의 하나님을 시험하지 말라 하였느니라 하시니

두 번째 마귀의 시험은 복합적이지만 핵심은 올바른 믿음에 대한 것입니다. 마귀는 하나님의 말씀으로 무장한 예수님을 넘어뜨리기 위해 하나님의 말씀을 사용합니다. 하나님의 말씀에 높은 곳에서 뛰어내리더라도 지켜주신다고 적혀 있으니 믿음을 가지고 성전 꼭대기에서 뛰어내리라는 것입니다.

이렇게 뛰어내려서 하나님께서 너를 지켜주시는 것을 사람들이 보게 된다면 네가 이루고자 하는 메시아적 사역을 쉽고 빠르게 완수할 수 있을 것이라는 유혹입니다. 하나님께서 계획하신 십자가를 지지 않는 방법이 있다는 것입니다.

따라서 이 시험의 감춰진 의도는 하나님의 구원 계획과 방법(인도)에 대한 믿음(신뢰)을 묻는 것입니다.

예수님은 마귀가 하나님의 말씀을 왜곡하는 부분을 정확히 알고 계셨습니다. 시편 91편은 환란 가운데 여호와를 의지하는 자에게 하나님께서 구원을 베푸실 것이라는 약속의 말씀입니다. 이처럼 문맥을 무시한 적용은 사탄적이라고 할 수 있습니다.

## "주 너의 하나님을 시험하지 말라"

두 번째 시험 역시 신명기 말씀으로 승리하십니다. 출애굽기 17장에서 광야의 이스라엘 백성은 물이 없자 "여호와께서 우리 가운데 계시느냐 안 계시느냐?"고 불평하였습니다. 이것을 성경은 '여호와를 시험했다'라고 기록하고 있습니다.(신 6:16) 따라서 '여호와를 시험했다'라는 말은 자기 백성을 선한 길, 구원의 길로 인도하시는 그분의 방법(뜻과 계획)에 대한 불신이자 도전입니다.

따라서 예수님의 답변 "주 너의 하나님을 시험하지 말라"라는 말씀은 자신이 져야 할 십자가를 통한 하나님의 구원 계획과 방법에 대한 확신의 표현입니다.


## 적용 및 기도

### 적용: 두 번째 시험이 주는 교훈; 믿음의 본질, 올바른 믿음이란?

올바른 믿음이 뿌리내리려면 올바른 말씀 해석이 반드시 필요합니다. 하나님의 말씀에서 문맥을 무시하고 부분 발췌하여 자신의 이익을 도모하는 설교나 그 적용은 마귀적이라고 할 수 있습니다. 이러한 말씀 해석은 말씀의 뿌리를 튼튼히 하지 못할뿐더러 교회를 바로 세우지 못할 것입니다. 위와 같은 오류에 빠지지 않으려면 성경을 많이 읽는 것이 선행되어야 하고 성경의 문맥을 잘 살펴야 할 것입니다.

하나님에 대한 전적인 신뢰는 기적을 체험하는 것이나 어떤 특별한 문제 해결을 경험하는 것을 기반으로 하지 않습니다. 우리 믿음의 본질은 성경의 역사성을 기반으로 성경이 일관되게 증거하는 한 분, 하나님의 아들이신 예수 그리스도를 통한 하나님의 구원 계획을 신뢰하는 것입니다. 세상의 시험에서 이 믿음으로 끝까지 견디는 자가 구원을 얻을 것입니다.(마 10:22)

# [4:1~11절_3부]
# 사탄의 시험 3: "참된 사랑"

세 번째 시험은 참된 사랑에 대한 것입니다. 한마디로 '당신이 가장 사랑하는 것은?'입니다. 하나님의 백성은 이 세상의 부요함과 영광보다 그분을 가장 사랑해야 합니다.

> 4:8 마귀가 또 그를 데리고 지극히 높은 산으로 가서 천하만국과
> 그 영광을 보여
> 4:9 이르되 만일 내게 엎드려 경배하면 이 모든 것을 네게 주리라
> 4:10 이에 예수께서 말씀하시되 사탄아 물러가라 기록되었으되
> 주 너의 하나님께 경배하고 다만 그를 섬기라 하였느니라
> 4:11 이에 마귀는 예수를 떠나고 천사들이 나아와서 수종드니라

## 이스라엘 백성

광야의 이스라엘 백성이 가나안 입성을 앞두고 모세는 그의 유언과 같은 설교를 합니다. 여호와 하나님께서 그들이 건축하지 않은 크고 아름다운 성읍과 아름다운 물건들로 가득한 집을 얻게 하시며 그들을 배불리 먹게 하실 것입니다.(신 6:10~13) 그러나 그들에게 주어진 복

은 여호와의 은혜를 기억하고 오직 그를 섬기는 삶 안에서 허락될 것입니다.(신 6:14~15)

이스라엘 백성은 거저 주신 여호와의 은혜에 감사하며 그분을 경외하고 섬겨야 했습니다. 이것이 가나안 땅에서 이스라엘 백성이 지켜야 했던 하나님의 백성으로서의 마땅한 의무였습니다. 그러나 이스라엘 백성은 이 시험에 실패하였습니다. 그들은 하나님을 섬기는 삶보다 이 땅의 영광과 부귀와 쾌락을 더 가치 있게 여기는 삶을 추구하였던 것입니다. 그들이 풍요(바알)와 사랑(아세라)의 우상 신에 빠지게 된 것은 하나님을 향한 사랑이 뒷전으로 밀려났기 때문입니다.

이스라엘 백성은 실패로 마쳤지만, 예수님은 이 시험을 온전히 통과하셨습니다. 아래 내용은 그것에 대한 것입니다.


### 예수님께서 사탄의 시험을 물리칠 수 있었던 이유

1) 예수님은 사역의 열매(자아실현의 욕구)나 삶의 안정보다 하나님을 가장 사랑하셨습니다.

사탄은 이 땅의 영광의 극치를 보여주기 위해 예수님을 지극히 높은 산으로 데려갑니다. (이 시험은 환상 중에 일어난 것일 것입니다.) 사탄은 자기에게 경배하면 이 모든 것을 주겠다고 합니다. 예수님께 고난의 삶과 십자가의 고통과 수모를 통과하고 얻을 수 있는 사역의 열매를 지금 주겠다는 겁니다.

그러나 예수님은 하나님의 아들로 그분의 사랑과 그분의 선하심 그리고 그분의 선하신 계획을 잘 알고 계셨습니다. 특별히 십자가를 통과한 자신에게 주어질 미래적 영광의 어떠함을 알고 계셨습니다.(마 28:18) 하나님을 아는 만큼 그분에 대한 사랑도 커집니다.

2) 예수님은 하나님을 가장 사랑하였지만, 또한 가장 두려워하셨습니다.

모세는 이스라엘 백성에게 하나님을 경외해야 한다고 가르쳤습니다. 그 이유는 질투로 진멸하시는 하나님이시기 때문입니다.(신 6:13~15) 예수님께서도 열두 제자를 파송하실 때에 다른 누구보다 하나님을 가장 두려워해야 한다고 가르치셨습니다. 그분은 몸과 영혼 모두를 영원히 심판하시는 분이시기 때문입니다.(마 10장)

## 적용 및 기도

1) 결국 신자의 삶의 모습은 하나님을 얼마나 사랑하는지에 달려 있습니다. 세상을 사랑하지 않기 위해서 우리는 하나님을 더 깊이 알아가야 합니다. 또한 그분은 우리가 가장 경외해야 할 대상임을 명심해야 합니다.

2) 하나님을 가장 사랑하지 않고도 신자처럼 살 수 있습니다. 그러나 이러한 유형의 사람들은 결국 양과 염소처럼 구분될 것입니다.(마 25:32~33) 하나님께서는 그분을 가장 사랑하는 자녀들에게 영원한 상급과 기업을 선물로 주실 것입니다. 그러나 세상을 더 사랑한 자들에게는 영원히 돌이킬 수 없는 영벌에 처하실 것입니다. 신자의 삶에서 우선순위는 하나님 나라와 그분의 의를 구하는 삶이어야 합니다.

# [4:12~25절]
# 새로운 하나님 나라의 시작

## 문맥

누가복음의 긴 내용(눅 4:14~6:19)을 마태는 본문 4장 12~25절로 요약합니다. 마태가 중요하게 여기는 부분은 하나님 나라의 구속사적 전진과 예수 그리스도로 시작될 이 땅의 하나님 나라(교회)입니다.

> 4:12 예수께서 요한이 잡혔음을 들으시고 갈릴리로 물러가셨다가
>
> 4:17 이 때부터 예수께서 비로소 전파하여 이르시되 회개하라 천국이 가까이 왔느니라 하시더라

## 하나님 나라의 구속사적 전진

이 본문의 구속사적 위치는 세례요한의 시대가 끝나가고 메시아의 시대가 도래하는 과도기이기도 합니다. 요한의 수감(4장)과 순교(14장)를 기점으로 예수님의 사역에 변화가 감지됩니다. 4장이 사역의 성격이나 내용의 변화라면 14장에서는 속도의 변화라 할 수 있습니다.

## "회개하라. 천국(하늘나라)이 가까이 왔느니라"

옛 언약을 대표하던 요한의 메시지를 새언약의 중보자이신 예수님께서 그대로 계승하십니다. 주님은 율법을 폐하시는 분이 아니라 성취하시는 분이십니다.(5:17) 이 메시지의 의미는 모든 시대에 동일합니다. 하나님의 나라에 들어가기 위해서는 죄로부터 돌이켜야 한다는 것이며, 이것은 하나님과 그분의 나라를 위한 삶으로의 방향 전환을 의미합니다.

## 교회의 태동

4:19 ~ 나를 따라오라 내가 너희를 사람을 낚는 어부가 되게 하리라 하시니

4:20 그들이 곧 그물을 버려 두고 예수를 따르니라

4:21 ~ 세베대의 아들 야고보와 그의 형제 요한이 ~

4:22 그들이 곧 배와 아버지를 버려 두고 예수를 따르니라

4:23 예수께서 온 갈릴리에 두루 다니사 그들의 회당에서 가르치시며 천국 복음을 전파하시며 백성 중의 모든 병과 모든 약한 것을 고치시니

4:24 그의 소문이 온 수리아에 퍼진지라 ~

4:25 갈릴리와 데가볼리와 예루살렘과 유대와 요단 강 건너편에서 수많은 무리가 따르니라

주님은 그분의 사역자(제자)들을 부르시고 또한 그분의 양 무리를 부르십니다. 그분을 따르겠다고 나선 제자들과 큰 무리들이 바로 주님의 교회입니다. 이들은 회개의 메시지에 반응한 자들로 사회적 약자들이 대부분이었습니다. 이들을 향한 위로와 권면 그리고 명령들이 바로 5장부터 이어지는 산상수훈의 메시지입니다.

## 제자도

또한 마태는 당시 주님께서 모으신 많은 제자 중 대표적인 4명의 모습을 그리고 있습니다. 여기에 제자도의 두 가지를 이야기합니다. 먼저 교회를 섬기라고 부름을 받은 자들은 주님의 말씀에 즉시 순종하는 자들입니다. 그리고 이들의 사역은 죽음의 땅과 그늘에 앉아 죽어가는 사람들(마 4:16)을 낚아 천국으로 인도하는 것이 될 것입니다.

## 적용 및 기도

1) "회개하라 하늘나라가 가까이 왔다"라는 메시지는 오늘날 더 크고 급박하게 외쳐져야 합니다. 이제 이 땅의 하나님 나라와 모든 만물이 새롭게 되는 재창조 완성의 때가 더욱 가까이 왔기 때문입니다. 재림의 날에 이 일이 이루어질 것입니다. 죄를 돌이키지 않고 불신 가운데 있는 자들은 진노의 심판을 받게 될 것입니다.(마 24:28)

2) 이단들의 가장 큰 특징은 주님의 말씀 위에 군림하며 성도를 구원의 길에서 걸려 넘어지게 한다는 것입니다. 교회를 섬기는 자들은 주님의 말씀에 먼저 순종하는 자들입니다. 말씀에 순종하는 제자들은 순종의 열매로 많은 영혼을 구원하게 될 것입니다.

# 2부

# 의병(義兵)
# 출정식(산상수훈)

광야의 시험을 통과하신 예수님은 하나님의 나라를 새롭게 할 의로운 군사들을 부르십니다. 이들에게 하나님 말씀의 크고 거룩한 뜻을 깨우쳐 주시고 자신을 따라 말씀을 살아내는 자들이 되기를 촉구하십니다. 이것은 빛과 소금처럼 자신을 희생하는 삶을 사는 것입니다. 짓밟히는 삶이 아닌 하나님 나라를 위한 빛나는 삶으로 초대하십니다.

# [5장 1~12절]
# 산상수훈 8복: 의병(義兵) 출정식

## 문맥

이 말씀은 세상에서 멸시받고 스스로 복이 없다고 여기는 하나님 나라의 백성들을 위로하시는 말씀이기도 합니다. 그러나 예수님께서 팔복을 말씀하신 목적은 하나님의 의를 위해, 그분의 나라를 위해 나를 따르라는 말씀입니다. 따라서 이 말씀은 위기에 처한 나라를 위해 의병을 일으킨 의병장의 출정식 연설과 닮은 점이 많습니다.

## 말씀의 대상

말씀을 듣는 1차 청중은 예수님을 따르겠다고 나선 제자들입니다. (5:1) 당시 열두 제자를 포함한 많은 제자가 있었습니다.(눅 6:13~17)

이들은 마치 여호와의 싸움을 싸우는 다윗에게 모여든 사람들처럼 보입니다.

"그러므로 다윗이 그곳을 떠나 아둘람 굴로 도망하매 그의 형제와 아버지의 온 집이 듣고 그리로 내려가서 그에게 이르렀고 환난 당한 모든 자와 빚진 모든 자와 마음이 원통한 자가 다 그에게로 모였고 그는 그들의 우두머리가 되었는데 그와 함께 한 자가 사백 명 가량이었더라."(삼상 22:1-2)

다윗은 이들과 함께 이스라엘(하나님의 나라)을 새롭게 하였습니다. 그리고 하나님께서는 다윗과 영원한 언약을 맺으십니다. 그 언약을 성취하시러 오신 예수님은 다윗의 자손으로 오셔서 따르는 자들과 함께 새롭고 영원한 하나님의 나라를 세우실 것입니다.

## 팔복을 말씀하신 목적: 나를 따르라, 여호와의 싸움을 싸우라

"너희는 하나님 나라를 소유한 자들이다. 하나님의 나라의 복을 받은 자들이여 일어나 나와 함께 짓밟히고 멸시당하고 있는 하나님의 나라를 다시 일으켜 세우자"라고 말씀하십니다.

5:11 나로 말미암아 너희를 욕하고 박해하고 거짓으로 너희를 거슬러 모든 악한 말을 할 때에는 너희에게 복이 있나니
5:12 기뻐하고 즐거워하라 하늘에서 너희의 상이 큼이라 너희 전에 있던 선지자들도 이같이 박해하였느니라

자신을 따라나선 그들에게 가장 큰 동기 부여는 그들이 앞으로 당하게 될 고난이 하나님 나라에서 얼마나 큰 영광스러움인지를 일깨워

주시는 것입니다.(5:11~12)

## 팔복의 문맥적 의미(산상수훈과 마태복음 전체에서)

1. 이들은 심령이 가난하여 영적인 풍족함을 갈망함으로 그리스도를 따라 하나님 나라를 구하는 삶을 지향하며 소유하게 될 것입니다.

2. 이들은 예수 그리스도를 따르며 슬픔을 겪게 될 것입니다. 그러나 하나님께 위로를 받게 될 것입니다.

3. 이들은 그리스도를 따라 온유한 성품으로 하나님의 나라를 세워감으로 새 하늘 아래 새 땅을 받게 될 것입니다.

4. 이들은 그리스도를 따라 하나님 나라의 의를 위해 살면서 풍성한 의로움을 영원히 누리게 될 것입니다.

5. 이들은 그리스도를 따라 남을 긍휼히 여기며 자신도 하나님께 긍휼히 여김을 받게 될 것입니다.

6. 이들은 그리스도를 따라 청결한 마음으로 하나님을 볼 수 있습니다.

7. 이들은 그리스도를 따라 하나님의 아들과 같이 하나님과 세상을 화평케 할 것입니다.

8. 이들은 앞으로 그리스도를 따라 박해를 받게 될 것이지만 하늘에서 큰 상을 받게 될 것입니다.

## 적용 및 기도

신자가 진정 기뻐하고 즐거워해야 하는 것; 산상수훈은 '신자의 착한 행실'(5:16)에 대한 구체적 적용이며 이것은 하나님 말씀의 적극적 실천에 관한 것입니다. 세상이 가장 미워하는 것, 여호와의 싸움을 싸우는 것, 이 땅에 하나님 나라를 다시 세우는 것은 하나님의 말씀을 사는 것입니다. 이것을 위해 예수님께서 세상의 핍박을 각오하셨습니다. 또한 우리를 이 선한 싸움으로 초대하고 계십니다. 주님의 부르심에 동참하십시오. 하나님의 영광(16절)을 위하여…. 하늘의 큰 상급이 있을 것입니다. 이것이 우리의 가장 큰 기쁨입니다.

# [5장 13~16절]
# 짓밟힐 것인가 빛날 것인가!

## 문맥적 이해

 팔복의 말씀으로 자신을 따르겠다고 모인 이들에게 자신을 따라 여호와의 싸움을 싸우라고 권면하십니다. 자신을 따르는 자들은 세상에서 박해를 받을 것입니다. 그러나 선지자들과 같이 하늘에서 큰 상을 얻게 될 것입니다. 예수님을 따르는 자들은 소금과 같습니다. 소금의 역할이 있습니다. 등불 또한 마찬가지입니다. 예수님을 믿는 자들은 그들의 착한 행실로 세상 사람들에게 소금의 맛을 보여야 하고 어두운 곳에 빛을 밝혀야 합니다.

## 소금과 등불의 의미

 5:13 너희는 세상의 소금이니 소금이 만일 그 맛을 잃으면 무엇으로 짜게 하리요 후에는 아무 쓸 데 없어 다만 밖에 버려져 사람에게 밟힐 뿐이니라

 5:14 너희는 세상의 빛이라 산 위에 있는 동네가 숨겨지지 못할 것이요

5:15 사람이 등불을 켜서 말 아래에 두지 아니하고 등경 위에 두
나니 이러므로 집 안 모든 사람에게 비치느니라
5:16 이같이 너희 빛이 사람 앞에 비치게 하여 그들로 너희 착한
행실을 보고 하늘에 계신 너희 아버지께 영광을 돌리게 하라

소금은 짠맛을 내기 위해서 자신을 희생합니다. 등불은 어두움 밝
히기 위해서 자신의 기름을 소비합니다. 소금과 등불은 둘 다 희생과
섬김의 의미를 내포하고 있습니다.

짠맛을 잃은 소금의 의미는 이들에게서 복음을 맛(가치)볼 수 없게
되었음을 의미합니다. 이들은 복음의 가치보다 세속적 가치를 좇는 종
교인들이기 때문에 더 큰 하나님 나라의 가치와 비전이 있는 삶을 보
여주지 못하고 사람들을 진리로 인도하지 못합니다. 당시 현세주의에
물들었던 사두개인처럼, 세상의 안위와 세속적 가치를 추구하는 종교
인들은 결국 버려지고 밟히게 될 것입니다.

사람들이 등불을 밝히는 이유는 세상의 어두움을 몰아내기 위함입
니다. 신자의 착한 행실은 율법에 기록된 명령들을 마음으로부터 지
킴으로 어둠에 있는 세상을 하나님께로(빛으로) 인도하는 것입니
다.(5:16~20) 당시 종교지도자들은 하나님의 말씀을 곡해하였기에 백성
들은 세상에 참 빛을 밝히지 못하게 되었습니다. 예수님은 산상수훈
에서 율법이 지향하는 하나님 나라의 의를 밝히 드러내셨습니다. 예
수님께서 드러내신 하나님 나라의 의를 깨달은 제자들은 세상에 빛을
비추어야 합니다. 그것은 자신의 기름을 태우는 착한 행실입니다.

## 짓밟힐 것인가 빛날 것인가!

본문의 말씀은 또한 세상에서 짓밟힘을 당하고 있는, 그것에 익숙한 자신의 백성들에게 예수님께서 도전하시는 말씀이기도 합니다. 예수님은 소망 없고 낙심 가운데 있는 백성들을 다시 일으켜 세우십니다. 자신과 함께 무너진 하나님의 나라를 다시 회복하자고 말씀하고 계십니다. 그들을 다시 일으켜 세우고 여호와의 싸움을 싸우게 만드십니다.

13~16절 말씀을 재해석하면 아래와 같습니다.

지렁이도 밟으면 꿈틀대는데 이대로 당하고만, 무시당하고만 있을 거냐? 너희도 하나님의 백성답게 한 번이라도 세상에 너희의 존재를 드러내야 하지 않겠느냐? 나를 따르는 너희의 삶은 부패한 세상에 소금과 같을 것이며, 어두운 땅에 등불이 될 것이다. 나와 함께 하나님과 그 나라의 의를 위해 희생하고 손해 볼 것을 각오하라!

예수님은 이들과 함께 어둡고 부패한 나라를, 세상에 말씀의 빛을 비추지 못하는 나라를 변혁하실 것입니다. 결국엔 그들을 빛의 사자로, 모든 민족으로 파송하실 것입니다.(28:19~20)

## 적용 및 기도

1) 신자의 착한 행실, 이것의 구체적 적용이 산상수훈의 예수님 명령들입니다. 당신은 이 명령들을 지켜야 하고 그렇게 가르쳐야 합니다. 그것으로 맛을 내는 소금이 될 것입니다. 그리스도의 빛을 세상에 비추는 역할을 감당하게 될 것입니다.

2) 소금과 등불은 모두 자기희생을 통해 세상을 정결하게 하고 어두움을 밝히는 속성이 있습니다. 제자들의 삶이 바로 이것입니다. 하나님 나라를 위해 희생하지 않고 손해 보지 않는 종교인들은 아무 쓸데 없는 존재로 버려짐을 당할 것입니다. 우리는 날마다 예수님을 따라 하나님 나라의 의를 위해 이 땅에서 자기를 희생하고 손해 볼 것을 각오해야 합니다.

# [6장 16~34]
## "그 어둠"(부제: 신자의 올바른 재물 사용)

### "그 어둠"의 의미

6:22 눈은 몸의 등불이니 그러므로 네 눈이 성하면 온몸이 밝을
것이요

6:23 눈이 나쁘면 온몸이 어두울 것이니 그러므로 네게 있는 빛
이 어두우면 그 어둠이 얼마나 더하겠느냐

마태복음 6:23절 "네게 있는 빛이 어두우면 그 어둠이 얼마나 더하
겠느냐?"는 난해한 구절입니다. 이 말씀의 올바른 해석은 '그 어둠'이
무엇을 말하는지를 밝히는 것에 달려 있습니다.

일반적으로 아래와 같은 이해를 하는 듯합니다.

1) 믿음이 작아서 다른 사람에게 선한 영향력을 끼치지 못하는 상태
2) 믿음이 작아서 나의 마음에 어둠이 있고 기쁨이 없음

예수님의 의도를 바르게 해석하기 위해 몇 가지를 먼저 살펴볼 필요
가 있습니다.

1) 산상수훈의 큰 주제는 '하나님 나라를 세우는 신자의 바른 삶'입니다.

2) 특별히 본문은 신자의 올바른 재물 사용에 대한 말씀입니다.

3) "눈이 나쁘면 온몸이 어두울 것이니": 시각 장애인이 사람다운 삶을 영위하기 어렵다는 의미입니다.

4) "네게 있는 빛"의 의미는 하나님과 말씀에 대한 신뢰(믿음의 크기)의 정도를 의미합니다. 믿음은 빛처럼 밖으로 드러나는 속성이 있습니다. 따라서 "네게 있는 빛이 어두우면"의 의미는 믿음의 드러남이 미약한 상황을 의미합니다. 시각 장애인이 사람다운 삶을 제대로 영위하지 못하는 것처럼 미약한 믿음은 하나님의 백성다운 삶을 영위하지 못할 것입니다.

종합하면: "네게 있는 빛이 어두우면 그 어둠이 얼마나 더하겠느냐?"라는 의미는 믿음이 적은 자가 하나님 나라의 백성답게 재물을 사용하지 못하는 상황을 안타깝게 여기시며 하신 말씀으로 해석할 수 있습니다.


## 예수님께서 안타까워하시는 이유 두 가지

6:19 너희를 위하여 보물을 땅에 쌓아 두지 말라 거기는 좀과 동록이 해하며 도둑이 구멍을 뚫고 도둑질하느니라

6:24 한 사람이 두 주인을 섬기지 못할 것이니 혹 이를 미워하고 저를 사랑하거나 혹 이를 중히 여기고 저를 경히 여김이라

너희가 하나님과 재물을 겸하여 섬기지 못하느니라

1) 재물을 천국 백성답게 사용하지 못하여 땅의 창고는 도둑이 들것 이며 하늘 창고 또한 텅 빌 것이기 때문입니다.(6:19)
2) 믿음이 적은 자들은 하나님보다 재물을 섬기게 되기 때문입니다. (6:24)


## 하나님 나라 백성다운 재물 사용을 위해 필요한 것은?

내일에 대한 염려(6:34)를 떨쳐 내야 합니다. 본문에서는 생계(먹고 입는)에 대한 염려를 다룹니다. 먹고 입는 문제는 인류에게 언제나 가장 큰 근심을 끼치는 것입니다. 그러나 근심의 근본적인 원인은 영적인 시력이 나쁘기 때문입니다. 영적인 안목(시력)은 믿음의 3요소(지, 정, 의) 중 지적인 믿음에 해당하며 이것은 하나님에 대한 지식에서 나옵니다.

하나님에 대한 지식의 분량이 커질수록 하나님의 하나님 되심에 대한 더 큰 고백과 경배로 나타납니다. 하나님은 창조주 되시며 태초부터 지금까지 온 우주를 다스리시고 지금도 모든 피조물을 돌보시는 주인이십니다. 이것이 본문에서 예수님께서 비유로 말씀하시는 것들(공중 나는 새를 먹이심, 들의 백합화를 입히심)의 본질입니다.

이처럼 우리는 하늘 아버지께서 어떤 분이시라는 것을 깨달을수록 내일에 대한 염려를 떨쳐 내고 재물을 이 땅에 쌓는 삶이 아닌 하늘에 쌓는(20절) 삶, 즉 먼저 그의 나라와 그의 의를 구하는 삶(33절)을 추구할 수 있습니다. 따라서 이 단락의 끝맺음은 아래와 같습니다.

6:33 그런즉 너희는 먼저 그의 나라와 그의 의를 구하라 그리하면 이 모든 것을 너희에게 더하시리라

6:34 그러므로 내일 일을 위하여 염려하지 말라 내일 일은 내일이 염려할 것이요 한 날의 괴로움은 그날로 족하니라

## 적용 및 기도

1) 한국 교회는 경제 발전과 더불어 많은 물질적 풍요로움을 누리게 되었습니다. 그러나 물질적 풍요로움은 하나님과 그분의 나라보다 세상 나라를 소망하게 하는 힘이 있습니다. 이런 유혹을 이겨내고 영원한 가치를 위해 헌신하는 믿음의 사람들이 더욱 많아지기를 소원합니다.

2) 우리는 재물을 이 땅에 쌓는 어리석은 자가 되어서는 안 됩니다. 재물을 하늘에 쌓는 것, 그것은 이웃들에게 그 재물을 사용하는 것입니다. 신자는 재물을 나누는 삶을 지향해야 합니다.

# [7장 1~6절]
# 거룩한 것을 개들에게 주지 말라

**"거룩한 것을 개들에게 주지 말며 진주를 돼지들 앞에 던지지 말라"**

7:1 비판을 받지 아니하려거든 비판하지 말라

7:2 너희가 비판하는 그 비판으로 너희가 비판을 받을 것이요 너희가 헤아리는 그 헤아림으로 너희가 헤아림을 받을 것이니라

7:3 어찌하여 형제의 눈 속에 있는 티는 보고 네 눈 속에 있는 들보는 깨닫지 못하느냐

7:4 보라 네 눈 속에 들보가 있는데 어찌하여 형제에게 말하기를 나로 네 눈 속에 있는 티를 빼게 하라 하겠느냐

7:5 외식하는 자여 먼저 네 눈 속에서 들보를 빼어라 그 후에야 밝히 보고 형제의 눈 속에서 티를 빼리라

7:6 거룩한 것을 개에게 주지 말며 너희 진주를 돼지 앞에 던지지 말라 그들이 그것을 발로 밟고 돌이켜 너희를 찢어 상하게 할까 염려하라

7:6절 예수님의 이 말씀을 오해하는 사람들이 많습니다. 심지어 목회자들도 이 말씀을 복음 전도에 관한 것으로 착각하여 강단에서 오류를 저지르기도 합니다. 이런 현상은 말씀을 문맥적으로 보지 않거

나 저자의 기록 의도 그리고 일차 청중을 심도 있게 고민하지 않았기 때문입니다.

"'거룩한 것'은 하나님의 말씀이니까 아무에게나 복음을 전하면 그들이 받아들이지 않고 배척한다"라고 말하는 이들이 놓친 것은 바로 문맥입니다. 본문 말씀은 주님의 제자들에게 "남을 함부로 판단하지 말라"(7:1)는 명령에 대한 강조 비유입니다.

자신은 행함이 없으면서 말로 다른 사람을 비판(판단)하는 것이 거룩한 것을 개들에게 주는 것이며 진주를 돼지들에게 던지는 것입니다. 예수님은 이들을 위선자(7:5)라고 하시는 것입니다.

> "그것들이 그것을 발로 짓밟고, 돌아서서 너희를 물어뜯지 못하게 하라."(7:6 하반절, 바른성경)

위선자(외식하는 종교인)들의 비판(판단)으로 불신자들(개와 돼지)이 거룩한 것(하나님의 말씀)을 짓밟고 나아가서는 그들을 비판할 것입니다.


## 적용 및 기도

예수님을 믿는다고 고백하는 자들은 먼저 말씀을 자신에게 적용해야 합니다. 자신의 변화 없이 남을 변화시키려 사랑 없는 판단이나 비판을 해서는 오히려 판단 받게 되고 짓밟히게 될 것입니다. '위선', 이것이 오늘날 한국 기독교가 사회로부터 무시당하는 가장 큰 이유입니다.

# [7장 7~12절]
## "구하라"

### 무엇을 구하라는 것인가?

7:7 구하라 그리하면 너희에게 주실 것이요 찾으라 그리하면 찾
아낼 것이요 문을 두드리라 그리하면 너희에게 열릴 것이니

7:8 구하는 이마다 받을 것이요 찾는 이는 찾아낼 것이요 두드리
는 이에게는 열릴 것이니라

7:11 너희가 악한 자라도 좋은 것으로 자식에게 줄 줄 알거든 하
물며 하늘에 계신 너희 아버지께서 구하는 자에게 좋은 것
으로 주시지 않겠느냐

7:12 그러므로 무엇이든지 남에게 대접을 받고자 하는 대로 너희
도 남을 대접하라 이것이 율법이요 선지자니라

마 7:7절의 '구하라'는 말씀은 산상수훈의 메시지 중 가장 왜곡이 심
합니다. 그러나 '하나님 나라를 세우는 신자의 선한 행실'이라는 산상
수훈의 통일된 주제 아래 올바른 해석이 가능합니다.

12절 말씀은 인간관계의 황금률이라고 하는 유명한 말씀입니다만
문맥적인 해석이 없으면 기복적이고 인간 중심적 적용을 낳습니다.

7절의 '구하라'라는 문맥과 12절 '그러므로~'는 한 가지 주제입니다. 따라서 이 본문에서 말하는 '신자가 하나님께 구해야 하는 것'은 12절 말씀의 내용이나 목적에 부합되어야 합니다. 그 외 다른 의견들은 마태의 의도와 관련이 적습니다.


## "그분을 구하라"

> "하물며 하늘에 계신 너희 아버지께서 (그분을) 구하는 자에게 좋은 것으로 주시지 않겠느냐"(11절 하반절)

한글 개역 성경은 '그분을'이라는 목적어를 생략하였습니다. 그분을 구한다는 것은 다소 어색한 표현입니다. 그러나 그분을 구한다는 것은 그분의 뜻과 의로운 그분의 나라를 세우는 삶의 방향성을 내포합니다.


### 그분을 구하는 신자의 삶은?

신자는 하나님의 뜻과 그분의 나라를 세우는 삶을 구하고 방법을 찾고 문을 두드리는 자입니다. 이것을 위하여 예수님께서 비유로 두 가지 실천사항을 명령하신 것입니다.

1) 남을 함부로 판단(비판)하지 말라(마 7:1~6)

2) 가난한 자들에게 인색하게 하지 말고 자비를 베풀라(마7:9~12,

　　눅 6:34~38)


## 선을 행하기 위해 구하라

마태의 기록에서는 이 의미가 함축되어 있습니다. 당시처럼 사람들 사이에서 꾸어주는 일이 빈번했던 문화에서는 이 말씀을 쉽게 이해하였을 것입니다. 그러나 우리는 좀 더 확실한 이해를 위해 누가복음을 참조할 필요가 있습니다.

누가복음의 요지는 하나님의 자비로우심을 본받아 돌려받기 어려운 자들에게 빌려주는 것을 주저하지 말라는 내용입니다.(눅 6:34~38) 주님의 권면에는 이런 자비를 베풀게 되면 하나님께서 '되를 흔들고 넘치도록 후하게'(눅 6:38) 돌려주실 것이라는 믿음이 깔려 있습니다.

하나님께서는 우리의 모든 필요를 공급하시는 분이십니다. 그러나 마태의 요지는 하나님 나라를 세우는 삶을 지향하는 가운데, 율법과 선지자들이 말하는 이웃사랑을 실천하는 방법으로, 갚을 수 없는 자들에게도 하나님의 자비하심과 같이 주라는 것입니다. 이것을 위한 필요를 구하라는 의미이지 단순히 자기의 필요를 위해 기도하라는 말씀이 아닙니다.

# [7장 13~27]
# 행하는 자라야 들어가리라
## (부제: 산상수훈이 말하는 구원 받는 믿음과 신자의 행함)

7:21 나더러 주여 주여 하는 자마다 다 천국에 들어갈 것이 아니
요 다만 하늘에 계신 내 아버지의 뜻대로 행하는 자라야 들
어가리라

7:26 나의 이 말을 듣고 행하지 아니하는 자는 그 집을 모래 위에
지은 어리석은 사람 같으리니

7:27 비가 내리고 창수가 나고 바람이 불어 그 집에 부딪치매 무
너져 그 무너짐이 심하니라

산상수훈에서 예수님은 천국에 들어가는 자는 자신의 이 말들을
듣고 행하는 자가 들어가게 될 것이라고 말씀하십니다. 기독교 교리
중 행위와 구원의 관계를 설명하는 많은 의견이 있고 교파가 나뉘는
원인이 되기도 합니다.

최근 행위 구원을 주장하는 바울의 새관점 학파의 도전도 교회에
큰 위협이 되고 있습니다.

한 사람이 구원받는 믿음을 소유하게 된 동인(원인)에 대하여는 교

파별 차이가 있습니다. 이 글은 그 동인에 대한 것을 말함이 아닙니다. 진정한 믿음의 소유 여부에 대한 제1 원인은 하나님께 있지만, 교파별로 사람이 그것을 받아들일 능력이 남아있는지 신학적 논쟁은 계속되고 있습니다. 아마 주님 재림 때에야 논쟁은 사그라질 것입니다.

## 산상수훈이 말하는 구원 받는 믿음

예수께서 산상수훈에서 말하는 구원 받는 믿음은 등불(5:15)을 밝히는 믿음입니다.

아래와 같이 구원받는 믿음은 등불을 켜고 어두운 세상을 밝히는 믿음입니다. 이 유비는 참믿음과 바른 행실이 분리될 수 없음을 보여줍니다. 신자가 성숙할수록 각 영역에서 비치는 빛은 더 크고 더 선명해질 것입니다.

그림 1) 믿음과 행위에 대한 등불 유비

## 신자의 선한 행실에 대한 바른 이해

예수님께서 말씀하신 어두운 세상을 비추는 신자의 선한 행실은 대부분 절제해야 하는 것들이며, 골방에서 기도하는 것과 같은 잘 드러나지 않는 것들입니다. 아래는 산상수훈에서 예수님께서 자신을 따르는 제자들에게 듣고 행하라고 하신 말씀을 요약한 것입니다.

> 멸시와 노하지 말라(5:21~26), 간음하지 말라(5:27~31), 맹세하지 말라(5:33~37), 네게 구하는 자에게 거절하지 말라(5:38~42), 원수를 사랑하고 박해하는 자를 위해 기도하라(5:43~48), 의(구제, 기도, 금식)를 은밀히 행하라(6:1~6), 보물을 하늘에 쌓아라(6:19~24), 그의 나라와 그의 의를 구하라(6:19~34), 비판하지 말라(7:1~6)

이처럼 구원받는 믿음의 행위는 사역적, 물질적 행위와는 다른 성격입니다. 이것은 하나님의 온전하심(5:48)과 같은 거룩한 성품을 닮아가는 성화적이며 내적인 행위입니다. (물론 하나님 나라를 세우는 물질의 바른 사용에 대한 말씀도 있습니다.)

이렇게 신자의 바른 행실을 성화적이며 내적인 행위로 규정하고 나면 '행위 없는 구원은 없다'라는 말에 모순이 사라집니다. 구원을 받는 모든 자에게는 말씀에 대한 행함이 같이 있을 것입니다.

죽음 직전 십자가에서 구원을 받은 강도의 예가 이것을 말합니다. 신자가 진실한 믿음을 가졌다면 동시에 신자 안에서 바른 행함이 시작됩니다. 십자가의 강도는 자신의 죄를 고백하고 예수님께 자신의 영혼을 전적으로 의지하는 믿음이었고 하나님 나라를 사모하는 마음으로 그리스도를 따라갔습니다. 그 진정한 믿음과 내적인 행위는 예수를 그리스도로 고백하는 것으로 나타났습니다.(눅 24:40~43)

바울의 새관점 학파의 문제는 '행위로 구원'까지 나아갔기 때문입니다. 구원의 조건 충족을 위해 행위가 필요한 것이 아니라 구원의 믿음을 가진 성도는 동시에 하나님 나라의 자녀로서의 행함이 시작됩니다. 이 내면적 행위는 짧은 시간에 관찰되지 않을 수 있습니다. 빛이 크든지 작든지 중요한 것은 하나님과 그분의 나라를 가리키는 것이어야 합니다.

### 구원의 조건: "아버지의 뜻대로"

앞에서 언급했듯이 "내 아버지의 뜻대로 행하는 자라야 들어가리라"라는 이 말씀은 당시 큰 종교적 행위는 있지만, 아버지의 뜻과는 동떨어진, 외식하는 종교인들을 염두에 두시는 말씀이었습니다.(5:20) 문맥상 이 말씀은 자신을 따라 하나님의 말씀대로 행하는 자들이 되라는 촉구의 메시지이기도 합니다. 이것은 하나님의 아들을 믿는 믿음으로부터 시작될 것입니다.

예수님은 자신을 따르겠다고 나선 이들, 앞으로 새로운 하나님 나라를 세울, 자신의 교회가 될 제자들에게 자신을 따라 하나님 나라를 환하게 비추는 거룩한 빛을 발하기를 원하고 계십니다. 이것을 위해 예수님은 율법의 말씀에서, 이스라엘의 선생들이 하지 못한, 그 말씀이 지향하는 하나님 나라의 더 크고 거룩한 의를 드러내십니다.

주님은 하나님의 말씀을 바로 가르치고 몸소 행하시는 진정한 교사이십니다. 또한 하나님의 큰 구원의 경륜을 완성하기 위해 죽기까지 순종하실 것입니다. 주님을 따르는 제자들의 삶은 내면으로부터 시작되어 잘 드러나지 않을 수 있지만, 반드시 열매를 맺어갈 것입니다. 이것으로 세상 사람들이 하나님과 교회를 칭찬할 것입니다. 이 땅의 하나님 나라가 다시 열매를 맺는 포도원처럼 될 것입니다. 이것이 산상수훈에서 신자의 바른 행실을 말씀하신 이유입니다.

## 적용 및 기도

1) 신자의 거룩하고 선한 행실은 말을 절제하고 물질을 하나님 나라를 위해 쓰고 사람에게 인애를 베풀며 다른 이를 위해 기도하는 것입니다. 거룩한 빛이 날마다 더하여져 이 땅에 어둠이 물러가고 하나님의 나라가 우뚝 세워져 복음의 등불을 밝히는 나라가 되길 기도합니다.

2) 그리스도인다운 삶을 우리는 너무 크게 혹은 너무 좁은 영역에서 생각하는 경향이 있습니다. 세상에서 신자가 소금의 맛을 내는 것과 등불을 밝히는 것, 신자의 선한 행실은 생활 속의 작은

섬김과 감사, 작은 관심과 배려라고 생각합니다. 예수님은 이것을 '냉수 한 그릇'(10:42)이라고 표현하셨습니다. 작은 배려와 감사가 세상에 빛과 소금입니다. 작은 것부터 가까운 곳부터 변화시켜 나가야 할 대상입니다.

# 3부

# 새 포도주는
# 새 부대에

예수님은 산상수훈에서 하나님 말씀의 크고 거룩한 본래의 의미를 드러내셨습니다. 하나님의 아들이 전하는 복음은 옛 사고방식으로는 도저히 받을 수 없는 것입니다. 천국 복음은 우리에게 새로운 삶의 원리를 세웁니다. 그것은 외적인 행위가 아닌 그리스도를 믿음으로 시작되는, 내면의 변화로부터 촉발되는 삶의 모습입니다. 때문에 천국 복음을 전하는 제자들로 인해 옛 시대의 권력자들과의 갈등이 본격적으로 시작됩니다.

✝

# [8장]
# 자신의 나라를 회복하는 하나님의 아들

## 문맥

하나님의 아들 예수 그리스도로 말미암는 나라가 세워지고 있습니다. 산상수훈을 통해 예수께서는 새로운 하나님 나라의 백성이 누릴 복과 삶의 태도들을 말씀하셨습니다. 말씀을 들은 자들은 권세 있는 그의 가르침에 놀라워합니다. 그들은 이제 하나님의 아들이 그분의 나라를 회복시켜 가는 것을 보게 될 것입니다.

## 자신의 나라를 회복하는 하나님의 아들

산상수훈을 마치시고 예수님은 나병환자(1~4절), 백부장 하인의 중풍병(5~13), 베드로 장모의 열병(14~15절), 몰려든 모든 환자를(16~17절) 고치십니다. 뿐만 아닙니다. 귀신들을 쫓아내시고(16절) 바람과 바다도 잠잠케 하십니다.(23~27절) 사람들은 그분이 어떤 분인지 궁금해합니다. 마태의 글을 읽는 모든 독자들 또한 그분이 어떤 분인지 매우 궁금해할 것입니다. 마태는 바로 아래 단락에서 독자들의 궁금증을 해결해 주고 있습니다.

가다라 지방의 군대 귀신에 들린 자를 치료해 주는 사건은 공관복음에 모두 기록되어 있습니다. 마태는 예수를 거부하는 그 지역 사람들의 불신의 태도보다 그분의 '하나님의 아들 되심'이 귀신들의 입으로 증거되었다는 사실을 더욱 비중 있게 다루고 있습니다.

**적용 및 기도**

1) 예수님은 하나님의 아들이십니다. 그분을 통해 세상의 모든 연약함과 질병이 치유되고, 악한 영의 속박으로부터 자유를 얻게 될 것입니다.

2) 우리 주위엔 영적 어두움에 사로잡혀 예수 그리스도를 하나님의 아들로 보지 못하는 자들이 많습니다. 우리는 천국 복음을 전하는 것뿐만 아니라 먼저 그리스도 안에서 주님 주시는 평안을 충만히 누려야 합니다. 그 이후에야 비로소 진정한 평안과 회복을 주시는, 하나님의 아들 예수 그리스도를 믿는 백성의 삶으로 그들을 초청할 수 있을 것입니다.

# [9장]
# 새 포도주는 새 부대에

## 문맥

마태는 8장에 이어 9장에서도 산상수훈의 교훈을 선포하신 그분에 대하여 증거하고 있습니다. 그분은 죄를 사하시며 사망 권세를 이기시고 죄인을 의롭게 하실 수 있는 하나님의 아들, 다윗의 아들로 오신 메시아로 계속 묘사됩니다. 예수께서 말씀과 삶으로 전하는 하나님 나라 복음은 기존의 질서(낡은 가죽 부대)로 이해하기 어려운 것입니다.

## "새 포도주는 새 부대에"

마태가 8~9장에서 기록하고 있는 사건들에서 강조하는 한 가지는 '믿음으로 예수께 나아가는 모습들'입니다. 그때에 세리도 죄인도 부정한 자도 의롭게 되고 하나님의 자녀가 되는 놀라운 하나님 나라의 새로운 원리를 묘사하고 있습니다.

> 9:17 새 포도주를 낡은 가죽 부대에 넣지 아니하나니 그렇게 하면 부대가 터져 포도주도 쏟아지고 부대도 버리게 됨이라 새

포도주는 새 부대에 넣어야 둘이 다 보전되느니라

9장 17절은 마태복음 전체의 메시지를 함의하고 있습니다. 예수님의 공생애 사역은 새 포도주를 담고 그것을 누리는 새로운 세대를 일으키는 사역이라고 할 수 있습니다.

> 9:20 열두 해 동안이나 혈루증으로 앓는 여자가 예수의 뒤로 와서 그 겉옷 가를 만지니
> 9:21 이는 제 마음에 그 겉옷만 만져도 구원을 받겠다 함이라
> 9:22 예수께서 돌이켜 그를 보시며 이르시되 딸아 안심하라 네 믿음이 너를 구원하였다 하시니 여자가 그 즉시 구원을 받으니라

이 천국 복음은 옛 사고방식으로는 도저히 담을 수 없는 것입니다. 이 새로운 복음은 죄인과 부정한 자들이 대속과 정결의 외적인 절차를 생략하고 오직 그리스도를 믿음으로 하나님께 나아가는 새로운 계시입니다.

그러나 하나님께서는 그 절차를 생략하지 않으셨습니다. 바로 우리 주 예수 그리스도를 통하여 마땅히 우리가 감당해야 할 일들을 대신하셨기 때문입니다. 이제 외적인 의식이 없이도 믿음을 통해 하나님께로 향하는 길이 열렸습니다. 우리는 오직 예수 그리스도 안에서 죄 사함과 의로움과 양자 됨의 모든 복을 누리게 되었습니다.

이러한 맥락에서 볼 때, 이 말씀은 예수님께서 외적인 종교 행위로 본래의 목적에서 왜곡되고 기능이 상실한 낡은 가죽 부대를 터트리시는 대변혁의 사건에 대한 암시라고도 할 수 있습니다.

## 적용 및 기도

1) 천국 복음은 우리에게 새로운 삶의 원리를 세웁니다. 그것은 외적인 행위가 아닌 그리스도를 믿음으로 시작되는, 내면의 변화로부터 촉발되는 삶의 모습입니다.

2) 최후의 순간까지 우리는 삶 속에서 연약함과 죄로 고통 속에서 신음할 수밖에 없습니다. 그래서 우리는 매 순간 예수께 나아가야 합니다. 우리는 그 믿음으로 용서받아 의롭게 되었고 계속해서 영화로운 존재가 되어 갈 것입니다. 연약함을 가지고 죄악을 가지고 예수께로 늘 나아가는 복된 삶 되기를 기도합니다. 주님은 당신께 의뢰하는 자녀들에게 역경을 이겨낼 힘과 진정한 회복을 주십니다.

# [10장]
# 두려워해야 할 것과 소망해야 할 것

## 문맥

천국 복음을 전하는 제자들로 인해 예수님의 이름이 온 이스라엘에 퍼져나갔습니다. 이때부터 세상의 권력자들과의 갈등이 본격적으로 시작됩니다. 이런 행동은 하나님 나라를 막아서는 자들에게는 본격적인 도전이 되기 때문입니다. 예수님은 요한을 죽인 세상, 자신을 멸하려는 세상으로 사랑하는 제자들을 파송하고 있는 것입니다.

## 진정 두려워해야 할 것(영원한 심판의 주권자)

예수님은 파송 설교에서 무엇보다 사람을 두려워하지 말 것을 거듭 말씀하십니다. 대적자들은 제자들을 잡아다 공회에 넘겨주고 채찍질을 할 것입니다.(17절) 제자들은 복음을 전하다 생명을 해하는 자들 앞에 서게 될 수도 있습니다.(18절) 예수님은 앞으로 제자들이 마주할 두려움을 극복하고 영원한 가치를 추구하도록 영적 안목을 더하여 주십니다.

본문에서 하나님은 참새 한 마리도 돌보시며 우리의 머리털까지도 세시는, 세상의 진정한 주권자이시며 모든 것을 아시는 분이십니다.(29절) 또한 모든 인생을 행위에 따라 심판하시는 분이시며 몸과 영혼을 지옥에 멸하시는 분이십니다.(28절) 따라서 제자들은 이런 하나님을 전파할 뿐 아니라 누구보다 더욱 두려워해야 합니다. 이러한 영적 안목은 세상의 권세와 유혹을 극복할 힘이 될 것입니다.

### 진정 소망해야 할 것(영원한 상급)

마지막으로 제자가 소명의 삶을 살아갈 때는 두려움보다 영광스런 상급을 바라보아야 합니다. 하나님께서는 그분의 나라를 위해 드린 어떠한 작은 헌신도 기억하시고 영원한 상급으로 보상하실 것입니다.(40~42절)

### 적용 및 기도

1) 세상은 할 수만 있다면 크리스천들의 활동을 제재하려 들 것입니다. 오늘날 반기독교적인 문화의 융성과 법 제정을 봅니다. 그러나 이것은 우리가 두려워해야 할 것이 아닙니다. 우리는 모든 것을 드러내시고(10:26), 소돔과 고모라 땅을 심판하시며(10:15), 몸과 영혼을 멸하시는(10:28) 분을 더욱 두려워해야 할 것입니다.

2) 모든 것을 드러내시는 하나님께서 제자의 이름으로, 그분의 나라를 위한 어떤 작은 일(10:42)도 우리에게 상급으로 되돌려 주실 것입니다. 먼저 하나님의 나라를 구하는 삶으로 가득 채워지길 기도합니다.

# 4부

# 창세로부터 감추인 보물, 하나님 나라

세례요한의 시대가 곧 막을 내리게 될 것입니다. 이 세상 나라의 종교 권력이 예수님도 죽이려 들것입니다.(12:14) 주님께서 전하시는 하나님 나라의 복음이 배척당하는 가운데 주님은 요나의 표적, 즉 자신의 십자가 죽음과 부활을 말씀하십니다.(12:39) 주님은 영원한 하나님 나라의 비밀을 제자들에게 깨닫게 하십니다.

✝

# [11장 1~19절]
# 나로 말미암아 실족하지 아니하는 자는 복이 있도다

## 문맥

공관복음의 공통된 흐름은 열두 제자의 파송(10장), 요한의 순교(14
장), 그리고 오병이어의 기적(14장)으로 이어집니다. 11~13장은 예수님
께서 순회 전도를 다니시며 행하신 일들과 말씀들의 모음이기도 합니
다. 마태는 이 부분에서 예수님의 사역과 그분의 말씀이 본 나라 백성
들에게 배척당하는 모습을 그리고 있습니다. 그러나 이것은 이상한 일
이 아닙니다. 이사야의 예언이 성취되는 것을 의미합니다.(12:17~21) 또
한 이것은 "모든 민족을 제자로 삼으라"(28:19)라는 마태복음의 궁극적
인 메시지를 위한 복선이기도 합니다.

## "나로 말미암아 실족하지 아니하는 자는 복이 있도다"

11:3 예수께 여짜오되 오실 그이가 당신이오니이까 우리가 다른
이를 기다리오리이까

11:4 예수께서 대답하여 이르시되 너희가 가서 듣고 보는 것을 요
한에게 알리되

11:5 맹인이 보며 못 걷는 사람이 걸으며 나병환자가 깨끗함을 받
    으며 못 듣는 자가 들으며 죽은 자가 살아나며 가난한 자에
    게 복음이 전파된다 하라
11:6 누구든지 나로 말미암아 실족하지 아니하는 자는 복이 있도
    다 하시니라

마 11:6절은 난해한 구절입니다. 이 말씀은 분명 세례요한을 염두에
두고 하신 말씀입니다. 그렇다면 '세례요한이 예수님으로 인해 실족했
다는 의미인가?'라는 의문이 듭니다.

예수님은 11장 7~19절에서 요한이 주의 앞에 보내는 사자, 즉 엘리야
임을 증거하십니다. 따라서 11장 6절은 그가 실족했다는 의미로 사용
하신 것은 아닌 듯합니다. 다만 세례요한은 자신이 예상한 메시아의
모습과 다른 예수님의 소문 때문에 기존에 가졌던 믿음이 흔들리고
있는 것으로 보입니다.

요한의 사역에 대한 학자들의 공통된 의견은 '오실 메시아가 행하실
임박한 심판을 앞두고 회개를 선포하는 것'이었습니다. 생의 마지막 순
간 자신이 소명을 이루었다는 것보다 더 의미 있는 일은 없을 것입니
다. 그런데 예수님에 대한 소문은 자신이 받고 전한 말씀과 달라 보입
니다. 예수님은 불의한 자들에게 하나님의 진노의 심판을 내리지 않으
십니다. 오히려 자신을 배척하는 백성들에게 사랑과 긍휼의 태도로 일
관하십니다. 이 부분에서 의구심이 생겼던 것 같습니다.

세례요한이 증거한 메시아는 심판자의 모습이었습니다.(마 3:12) 그러나 아직은 은혜와 구원의 때입니다.(고후 6:2) 그는 여자가 낳은 자 중에 가장 큰 자로 인정받지만(11:11), 한편으론 부분적으로 예언한 선지자일 뿐입니다. 예수님 외에 완전한 계시를 전할 수 있는 선지자는 없기 때문입니다.

예수님은 자신의 메시아 됨을 의심하는 세례요한에게 그가 실족하지 않도록 확실한 예언의 말씀(11:5)을 전하여 줍니다. 이 이사야의 말씀은 예수님 자신이 곧 선지자들이 예언했던 그 메시아라는 의미입니다.[3]

6절의 이 말씀은 또한 11~13장의 전체 문맥에서 이해해야 합니다. 예수님의 사역이 종반에 이르렀지만 많은 이들이 예수님을 메시아, 즉 다윗의 자손으로 온전히 받아들이지 않고 있습니다. 그분의 말씀을 듣고 삶의 변화가 없습니다. 그분을 따르겠다고 왔던 많은 이들이 떠나가기도 했습니다. 따라서 6절의 말씀은 실제로 예수님을 자신이 생각하는 모습의 메시아가 아니라며 외면하고 떠난 자들을 향한 말씀이라고 볼 수 있습니다.

---

**3** 크레이그 L. 블롬버그, "마태복음", 『성경신학 스터디바이블』, 1848.

## 적용 및 기도

1) 예수님의 사역과 그분의 메시아 됨을 제대로 알지 못하고 확신하지 못하는 이들은 실족하고 있습니다. 코로나 팬데믹 사태를 통해 이것을 목도하게 되었습니다. 예수님은 진정 우리의 구원자 되시고 심판하실 주님이십니다. 이 사실을 생의 마지막 순간까지 확신하는 은혜가 있기를 소원합니다.

2) 예수님으로 실족하지 않는 자는 복이 있을 것입니다. 이 복은 성도가 진정으로 행하는 믿음을 가질 때 시작되고 최후의 심판 때 확정되는 복입니다. 그것은 하나님의 자녀가 되어 가고 오는 모든 세상에서 누리게 될 풍요로움입니다. 세상이 줄 수 없는 평안과 안식과 영광스러움이 있습니다. 이 땅에서 누리는 일시적인 것과 비교할 수 없습니다. 이 복을 매일 누리는 복된 삶이 되길 소원합니다.

# [11장 20~30]
# 제목: 내가 너희를 쉬게 하리라

## 문맥

11~13장의 분위기는 예수께서 그 나라 백성들로부터 배척당하시는 모습이 강조됩니다. 주님은 회개하지 않는 자들을 향해 심판의 날에 있을 화에 대하여 엄중한 경고를 하십니다.(20~24절) 28절 주님의 간절한 부르심은 이러한 문맥 가운데 이해되어야 할 것입니다.

> 11: 28 수고하고 무거운 짐 진 자들아 다 내게로 오라 내가 너희를 쉬게 하리라

## "내가 너희를 쉬게 하리라"

> 11:29 나는 마음이 온유하고 겸손하니 나의 멍에를 메고 내게 배우라 그리하면 너희 영혼이 쉼을 얻으리니

예수님은 수고하고 무거운 짐을 진 자들을 부르십니다. 그 목적은 안식을 주기 위함이라고 하십니다. 그런데 예수님께로 오면 수고도 그

치고 마음의 평안을 누리게 될 줄 알았는데, 주님의 멍에를 메고 주님을 배워가는 자가 안식을 누리게 된다고 하십니다. 따라서 주님께서 주시는 안식의 성격과 멍에를 메고 배우는 것의 참된 의미를 올바로 이해해야 합니다.

## 주님께서 주시는 안식의 참된 의미

교회에 가는 것만으로 마음이 평안해지는 분들이 많습니다. 은혜를 받아 마음의 감동이 될 때도 우리는 마음의 평안을 느낍니다. 그러나 본문에서 말하는 안식은 좀 다른 차원의 안식입니다. 이 말씀을 하시는 배경에는 주님의 엄중한 심판의 경고가 있기 때문입니다. 따라서 주님께서 주시는 안식은 노아 가족이 방주 안에서 누리는 안식과 같은 성격입니다. 일시적이고 제한적인 안식이 아닙니다. 하나님의 진노의 심판에서 벗어난 자들이 기쁨과 감사함을 현생에서 누리는 영혼의 평안함이며, 심판의 날을 지나 영원히 누리게 된 참된 안식입니다. 따라서 이 안식은 자연스레 하나님 나라에 대한 헌신을 불러일으킵니다.

## "나의 멍에를 메고 내게 배우라"

예수님께서 권능을 많이 행하신 고을들이 회개하지 않고 있는(11:20) 안타까운 상황 가운데, 세상 멍에를 지고 현세적 안식을 위해 수고하는 자들을 향한 말씀입니다. 반면 예수님의 멍에는 하나님 나라를 향한 것입니다.

신자가 예수님을 따라 하나님 나라를 위한 희생과 헌신의 삶을 다짐하는 것은 현생의 만족과 안식을 포기해야 하는 어리석은 행동처럼 보입니다. 자신의 전도에도 회개하지 않는 자들이 얻을 안식은 심판 날에 영원히 무거운 멍에(형벌)로 바뀔 것입니다. 그러나 주님의 말씀을 따르며 당하는 현재적 고난은 현생과 미래의 영원한 소망이 될 것입니다.

## "나는 마음이 온유하고 겸손하니"

주님의 말씀에 순종할 때의 태도 또한 주님을 배워야 합니다. 신앙생활은 단지 참고 견디며 시간을 보내는 것을 의미하지 않습니다. 온유하고 겸손한 주님을 닮아가는 삶, 주님을 따라 하나님 나라를 세우는 삶에, 주님과 함께하는 시간 속에 참 안식을 얻게 될 것입니다.

## 적용 및 기도

1) 하나님 나라를 위한 삶, 즉 주님의 말씀에 순종하는 것이 주님의 멍에를 메고 배우는 것입니다. 날마다 주님 주시는 참된 안식을 경험하기를 소원합니다.

2) 아직 주님과 복음을 모르고 세상의 헛된 안식을 추구하는 자들에게 복음을 전하는 통로가 되기를 소원합니다.

# [12장]
# 요나의 표적밖에는 보일 표적이 없느니라

## 문맥

12장에서 세상의 종교 권력이 드디어 예수님을 죽이기로 작정합니다. (12:14) 12장의 절반이 회개하지 않는 악하고 음란한 세대를 향한 주님의 책망이 기록되어 있습니다. 이제 본격적인 싸움이 시작될 것입니다. 천국 문을 가로막고 있는 독사의 자식들, 종교 권력에 맞서 천국 문을 다시 회복하기 위한 싸움입니다. 이 싸움에 세례요한이 그랬고 예수님도 자신의 생명을 아끼지 않으실 것입니다. 또한 그 제자들을 초청하고 계십니다.

## 악하고 음란한 세대가 표적을 구하나

12:38 그 때에 서기관과 바리새인 중 몇 사람이 말하되 선생님이
여 우리에게 표적 보여주시기를 원하나이다
12:39 예수께서 대답하여 이르시되 악하고 음란한 세대가 표적
을 구하나 선지자 요나의 표적밖에는 보일 표적이 없느니라

본문의 악한 세대는 가라지(지자니온: 독성 있는 열매를 맺는 독보리)같이 독한 열매를 맺는 세대를 의미합니다.(13장 가라지 비유) 음란함이라고 번역된 단어(모이칼리스)는 간음한 자들이라는 뜻으로 신앙적인 용어로 사용될 때는 '세상과 짝한 자들'을 의미합니다.[4] 따라서 악하고 음란한 세대라는 의미는 '세상과 짝하여 살며 독보리같이 독한 열매를 맺는 자들'이라는 의미입니다. 이들은 말씀을 듣고 회개하지 않으며 보이는 표적을 보여 달라고 합니다. 이들은 하늘로부터 오는 표적을 보아도 돌이키지 않을 것입니다.


## 요나의 표적밖에는 보일 표적이 없느니라

가라지 같이 열매 없고 세상과 벗 된 자들이 주님께 자꾸 표적을 보여달라고 조릅니다. 주님은 이들에게 요나의 표적 외에는 다른 것을 보여주지 않겠다고 말씀하십니다. 요나의 표적은 16장에서 다시 한번 강조됩니다.

세상과 벗 된 자들의 가르침(마 16:5~12)은 해로운 열매를 맺는 가라지(지자니온)들을 양산해 냅니다. 당시 이스라엘 공동체는 이들의 가르침으로 말미암아 천국 문이 굳게 닫혀 있었습니다. 주님은 이 문을 다시 여심으로 그분의 사역을 완성하실 것입니다. 따라서 요나의 표적은 주님 자신의 십자가 죽음과 부활을 의미합니다. 세상과 벗 되어 가라

---

**4**  J.H.Thayer; H.Reisser.

지처럼 선한 열매 없는 자들을 변화시킬 유일한 표적이 주님의 죽으심과 부활이기 때문입니다.

우리 주위에는 하나님을 보여주면 믿겠다는 자들, 교회를 떠난 자들, 교회를 다니나 열매가 없는 가라지들이 많이 있습니다. 이들에게 천국 문은 닫혀 있습니다. 세상과 벗 된 자들의 가르침이 이들 속에 작용하고 있기 때문입니다. 천국 문이 굳게 닫힌 자들에게 천국의 문을 열어 보이는 것, 그들에게는 십자가를 보여주는 표적밖에 효력이 없을 것입니다. 그것은 성도의 섬김과 희생입니다. 오늘날 가나안(안나가) 교인들이 늘어나는 가장 큰 이유도 종교 지도자들을 포함한 성도들의 희생과 섬김의 삶이 잘 드러나지 않기 때문일 것입니다.

## 적용 및 기도

1) 알곡의 삶은 십자가를 지는 삶입니다. 보여지는 모습은 이 땅에서 하나님 나라를 위해 사는 것입니다. 세상의 가치보다 하나님 나라의 가치들을 우선시하는 삶으로 채워지기를 기도합니다.

2) 주위의 가라지들이 많습니다. 이들을 다시 교회로 인도하는 일은 섬김과 희생으로 가능할 것입니다. 주님을 따라 섬김의 삶을 살 수 있도록 주께서 능력과 지혜 주시길 소원합니다.

# [13장_1부]
# 알곡과 가라지

## 문맥

13장은 7개의 하나님 나라의 비유가 기록되어 있습니다. 예수님께 많은 사람이 모여들었지만, 모두가 하나님 나라를 소망하는 자들은 아니었습니다. 예수님의 말씀을 듣고 행하는 이들보다 이 땅에서의 유익을 바라는 자들이 대부분이었습니다.

## 알곡과 가라지

마태가 13장에 기록한 여러 천국 비유들 중 가라지 비유가 강조됩니다. 가라지로 번역된 단어(지자니온)는 원래 밀밭에 자라는 독보리를 말합니다. 이것은 밀과 잘 구별되지 않으나 이삭이 피면 식별이 잘 되며 그 열매는 심한 구토와 현기증을 일으키는 독성을 가지고 있습니다.[5] 예수님은 이 지자니온들을 추수의 날에 먼저 거두어 불사르게 단으로 묶을 것이라고 말씀하십니다.(30절)

---

5    김경섭편찬,『프리셉트 성경: 마태복음』22.

당시 이스라엘은 장로들의 유전을 지키고 가르치는, 외식하는 종교인들이 참 신앙을 왜곡하고 있었습니다. 예수님은 이들을 향해 악한 열매를 맺는 가라지(지자니온)들이라고 비유로 말씀하신 것입니다.

알곡과 가라지를 잘못 이해하면 택자와 비택자로 해석하기도 합니다. 그러나 그것은 지나친 해석입니다. 좋은 씨는 하나님의 말씀(가르침)이고 가라지의 씨는 세상의 가르침이라는 해석이 자연스럽습니다. 태어나기 전부터 알곡과 가라지가 정해진 것이 아니라 누룩과 같이 가르침을 통해 확산되고 후대에 전수됩니다.

하나님의 말씀보다 세상의 가르침을 따르는 이들은 세상 밭에 뿌리내린 지자니온들입니다. 이들의 열매, 가르침과 삶은 이스라엘 백성들을 넘어지게 하며(13:41) 지옥 자식을 만듭니다.(23:15) 따라서 이들은 천국 문을 닫고 있는 자들입니다.(23:13) 때문에 주님은 이들이 가로막고 있는 구원의 길을 회복하기 위해 하나님의 말씀에 대한 순종의 모범을 보이셨습니다.


## 적용 및 기도

1) 예수님은 하나님의 말씀을 따라 알곡의 삶을 사셨고 풍성한 알곡들을 거두셨습니다. 우리도 또한 그렇게 되기를 소망합니다.

2) 오늘날 가라지의 열매들은 강력하게 작동하고 있습니다. 세상의

가르침은 교회 안팎으로 영향을 미치며 천국의 열매를 제한하려 합니다. 주께서 우리에게 영적 분별의 은사를 더하사 하나님 나라의 선한 열매를 풍성히 맺는 삶으로 가득하길 소망합니다.

# [13장_2부]
# 창세로부터 감추인 비밀을 드러내리라

## 문맥

13장은 7개의 하나님 나라의 비유가 기록되어 있습니다. 이 비유들은 예수님의 말씀이 대중들에게 받아들여지지 않는 당시 상황을 반영하고 있습니다. 예수님의 사역 현장은 작은 겨자씨가 뿌려진 것처럼 낙심될 만했습니다. 그러나 반드시 자라고 열매를 맺어 세상의 안식과 소망이 될 것입니다.

## 창세로부터 감추인 비밀: "영원한 하나님 나라"

13:35 이는 선지자를 통하여 말씀하신 바 내가 입을 열어 비유로
말하고 창세부터 감추인 것들을 드러내리라 함을 이루려
하심이라

주님의 말씀으로부터 이 세상의 창조 목적이 영원한 하나님 나라를 지향하는 것이었음을 알 수 있습니다. 이런 의미에서 이 땅의 나라는 모형적이며 유한한 나라입니다. 아담의 실패로 낙원에서 쫓겨난 인류

에게 영원한 하나님 나라에 이르는 길은 감추어졌습니다. 그러나 그 길은 사람들에게 아주 감추어진 것은 아닙니다. 모형적이지만 아브라함과의 언약과 그 언약 백성들을 통하여, 모세와 언약을 맺으시며 주신 율법과 제사 제도를 통하여, 구원에 이르기에 부족함 없는 계시를 하셨습니다.[6]

만민을 하나님 나라로 이끌어야 했던, 이 땅에 세우신 제사장 나라, 옛 이스라엘은 걸려 넘어지게 하는 것(세속적 가르침과 그것을 우선시하는 자들)과 불법을 행하는 자들(외식하는 자들)로 인해 그 역할을 더는 감당하지 못하고 있습니다. 따라서 영원한 하나님 나라에 이르는 길은 다시 감추어졌습니다. 예수님은 비유를 통하여 창세 이래로 감추인 비밀을 다시금 충만히 드러내고 계신 것입니다.

영원한 하나님 나라에 들어가려면 먼저 그분의 말씀을 들어야 합니다. 여기서 말씀을 들은 자들의 상태가 구분됩니다. 말씀을 들었지만 싹을 틔우지 못하는 사람(길가), 뿌리를 제대로 내리지 못하는 사람(돌밭), 뿌리를 내렸지만 결실하지 못하는 사람(가시밭), 뿌리를 내리고 결실하는 사람입니다. 이들 중 주님의 말씀을 듣고 삶으로 열매 맺는 사람들만이 하나님의 나라를 소유하게 될 것입니다.(마 21:48)

---

**6** 각 잇따른 계약은 먼저 세워진 계약 관계에 기초를 두고 그 기본 중심을 이어받고 있다. Robertson, The Christ of the Covenants, 36.

## 싹을 틔우고 뿌리를 내린다는 의미

　뿌리를 내린다는 의미는 말씀에 대한 지적인 동의와 관련이 높습니다. 사람마다 경중의 차이가 있지만, 마음으로 믿어지려면 결국 이성적으로 이해되고 받아들여져야 하기 때문입니다. 교회를 다니지만 성경을 의심하는 사람은 뿌리가 없어 곧 넘어지는 자입니다. 따라서 성경의 무오성과 역사성은 매우 중요합니다. 오늘날 현대인들이 성경의 무오성과 역사성을 부정하는 이유에 대하여 많은 선견자들은 과학의 옷을 입은 합리주의적 이성주의 때문이라고 말하고 있습니다. 개개인이 믿음의 뿌리를 내리기 위해서는 반드시 이 인본주의적 이성주의를 극복해야 할 것입니다.


## 열매를 맺는 사람과 맺지 못하는 사람의 차이

　열매를 맺지 못하는 사람은 세상의 염려와 재물의 유혹이 말씀을 억누르기 때문이라고 하셨습니다.(26절) 따라서 열매를 맺지 못한 사람은 세상의 것을 더 가치 있게 여기는 사람으로 영원한 하나님 나라의 가치를 제대로 깨닫지 못한 사람입니다. 예수님께서는 밭에 감추인 보화와 극히 값진 진주 비유를 통해 하나님의 나라가 이 땅의 어떤 것과도 바꿀 수 없는 지극히 값진 것임을 드러내십니다. 이 영생의 가치를 발견한 사람만이 열매 맺는 삶으로의 변화를 기대할 수 있을 것입니다.

## 적용 및 기도

1) 우리는 하나님의 나라를 향한 존재들입니다. 나그네 같은 이 땅에서 하나님의 나라를 발견한다는 것은 엄청난 축복입니다. 그러나 하나님 나라를 발견하는 것만으로는 부족합니다. 그 영원한 가치를 진정으로 깨달아야 합니다. 그제서야 유한한 세상의 어떤 것도 기꺼이 포기할 수 있는 용기, 희생과 헌신으로 행위의 열매를 맺게 될 것입니다.

2) 우리의 다음 세대가 말씀의 뿌리를 내리지 못하는 가장 큰 이유는 학교 공교육에서 가르쳐지는 진화론과 그것을 배경으로 확장된 진화론 교육입니다. 이 세상의 지적 체계는 성경의 무오성과 역사성을 부정하는 의심을 불러일으킵니다. 이 의심을 교정하지 않는다면 불신으로 자라날 것입니다. 개개인의 신앙과 다음 세대의 회복을 위해, 우리는 오늘날 시대정신의 뿌리인 인본주의 진화론을 극복해야 합니다.

# 5부

# 이 땅의 하나님 나라,
# 내 교회를 세우리라

세례요한이 죽임을 당하고 예수님은 이 땅에 자신의 교회를 세우시려는 행보를 서두르십니다. 제자들에게 불가능하거나 불가항력적인 상황들을 훈련시키시고 이방인 사역을 통하여 만민에게 전파될 복음 사역을 예비하십니다. 또한 이 땅의 교회들이 가장 경계해야 할 바리새인과 사두개인의 누룩을 말씀하십니다. 마지막으로 제자들이 자신을 그리스도와 하나님의 아들로 인정하게 되었을 때, 자신의 교회를 세우시려는 비전을 말씀하십니다.

✝

# [14장 1~21절]
# 오병이어의 두 가지 의미

## 문맥

악의 권세는 세례요한을 죽이고야 맙니다.(14:1~12) 그 창끝은 이제 예수님을 향할 것입니다. 주님은 이 소식을 듣고 빈 들(광야)로 이동하십니다. 이러한 주님의 행동은 단순한 애도 이상의 의미가 있습니다. 이제 하나님의 나라를 회복하기 위한 주님의 발걸음에 변화가 있을 것입니다.

## 이스라엘의 메시아, 긍휼의 선한 목자

마태는 세례요한의 죽음과 오병이어 사건을 주님의 긍휼을 바탕으로 연결하고 있습니다. 예수님은 세례요한의 죽음을 전해 듣고 빈 들(광야)로 나아가십니다. 그러나 잠잠히 애도할 시간도 없습니다. 주님은 민족의 영적 지도자를 잃고 슬퍼하는 무리들에게 하늘 양식으로 그들을 위로하십니다. 길을 잃은 양떼들에게 영과 육의 모든 필요를 채우시는, 이스라엘의 진정한 목자의 등장을 알리십니다.

이 기적은 또한 오래전 광야에서 만나를 떠올리게 합니다. 이스라엘 백성들은 진정한 위로를 얻게 되었을 뿐만 아니라 예수님을 모세가 예언한 메시아로 인식하게 될 것입니다.(신 18:15) 예수님은 성경이 예언한 메시아시며 그 백성을 긍휼히 여기시는 선한 목자이십니다.

## 제자들을 훈련시키심

오병이어의 기적에서 핵심은 바로 제자들을 훈련시키시는 주님의 모습입니다.(14:16) 주님은 불가능한 것을 하라고 명령하십니다. 믿음의 기도는 무엇이든 가능케 함을 보이십니다. 제자들은 앞으로 불가능으로 가득 찬 세상을 가능으로 바꾸는 삶을 살게 될 것입니다.

## 적용 및 기도

1) 주님은 우리의 영과 육의 양식을 주시는 분이십니다. 그분 안에 참된 양식과 위로가 있습니다. 우리를 긍휼히 여기시는 주님께 늘 나아갑시다.

2) 성도는 주님의 제자입니다. 생명을 구하고 세상을 변화시키는 일은 불가능한 일처럼 느껴집니다. 그러나 믿음의 기도는 하나님의 역사를 보게 합니다. 이 땅의 하나님 나라는 믿음의 기도로 확장될 것입니다. 믿음으로 하나님의 나라를 구하는 삶 되길 소원합니다.

# [14장 22~33절]
# 물 위를 걸으신 예수님

## 문맥

세례요한이 죽임당하였고 이제 본격적인 영적 전쟁이 시작될 것입니다. 마태는 요한의 죽음 이후 오병이어와 칠병이어의 기적 사이에 두 가지 이적(다른 하나는 가나안 여인의 딸을 고치심)에 관한 기사를 특별히 기록하고 있습니다. 그중 예수님께서 물 위를 걸으신 이적은 복음서에서 아주 중요한 사건입니다. 여러 부차적인 이해들이 넘쳐나지만, 저자가 전하고자 하는 핵심은 이 사건을 통해 예수님께서 제자들의 믿음을 확고히 하셨다는 것입니다

## 물 위를 걸으신 이적의 의미: "제자훈련"

마태는 본문에서 주님의 행동을 '즉시'라는 단어로 묘사하고 있습니다. 따라서 이 이적은 영적 전쟁을 위해 준비된 주님의 제자훈련 과정임을 알 수 있습니다.

오병이어 이적을 통해 모세가 예언한 그 선지자, 즉 그리스도(메시아)

임을 보이신 주님은 제자들을 배에 태워 갈릴리 건너편으로 보내십니다. 제자들을 사경(새벽 3~6시)까지 역풍이라는 고난 가운데 몰아넣으십니다. 제자들은 자연의 힘 앞에 무기력해졌고 주님을 유령이라 여기며 두려워했습니다.(14:24~26)

베드로는 주님인 것을 알고 믿음으로 물 위를 걸어가고자 했습니다. 어쩌면 주님을 따르는 데 자신의 생명도 아끼지 않는다는 강한 충성심을 보여주려 했던 것 같습니다. 그러나 강한 바람을 보고 바다에 빠져 죽게 되었습니다. 결국 가장 충성스러운 수제자 베드로도 죽음 앞에서 두려움에 떠는 믿음이 작은 자가 되었습니다.(14:31) 이 훈련을 통해 제자들은 자신들의 수준을 확인하게 되었을 것입니다.

본문에서 마태는 제자들이 예수님을 하나님의 아들로 진정 믿게 되었음을 강조합니다.(14:33) 이것은 16장 16절에 이르러서 "주는 그리스도시요 살아계신 하나님의 아들이시니이다"라는 베드로의 고백으로 이어집니다. 제자들이 자신을 진정 그리스도와 하나님의 아들로 확신하게 되었을 때, 주님은 제자들에게 자기 십자가를 지고 자신을 쫓으라고 도전하십니다.(16:24)

알렉산더 대왕이 전쟁에서 승리한 비결은 결정적인 순간 자신을 믿고 함께 적진으로 뛰어드는 부하들이 있었기 때문이라고 합니다. 대장을 따라가면 승리한다는 확실한 신뢰, 전쟁에서 이것보다 더 큰 무기는 없을 것입니다. 주님은 사망 권세로 두려움을 주는 영적 권세를 무너뜨리고 하나님 나라의 모퉁이 돌이 되실 것입니다. 주님을 살아계신 하나님의 아들로 확실히 믿게 된 제자들은 훗날 사망의 두려움을 극복하고 영원한 하나님 나라의 반석이 되었습니다.


## 적용 및 기도

1) 예수님은 그리스도시요 하나님의 아들이십니다. 이 사실에 자신의 생명을 걸 수 있을 만한 확신이 필요합니다. 주님은 성도를 이렇게 훈련시키시고 때가 되면 자신의 비전으로 이끄실 것입니다. 삶의 역풍과 같은 고난 가운데 있다면 제자들을 훈련시키신 주님의 의도를 묵상하면 좋겠습니다. 하나님의 나라는 훈련되어 헌신한 제자들을 통해 확장되어 왔습니다.

2) 성도는 비록 넘어지더라도 주님을 따라가는 자들입니다. 주님은 연약한 우리의 믿음을 단련시키시고 쓰시기에 합당한 자로 일으켜 세우실 것입니다. 어제의 고난으로 넘어졌더라도 십자가의 주님을 의지하고 하나님 나라의 영광을 바라보며 다시 일어서는 복된 삶 되기를 소원합니다.

# [15장 1~20절]
# 아버지께서 심지 않은 모든 식물은 뽑혀지리라

## 문맥

앞 문단(14:34~36)에서 게네사렛 사람들은 예수님을 메시아로 믿고 큰 기적과 치유의 기쁨을 누리고 있습니다. 바로 그때 대적자들이 예루살렘에서 찾아옵니다. 이들의 목적은 자신들의 권력을 위하여 예수님의 메시아적 사역을 방해하고 넘어뜨리기 위함입니다. 일찍이 이들은 예수님을 죽이기로 작정(12:14)하였던 자들입니다. 주님은 사탄의 시험을 이기셨던 것처럼 이들과의 전투에서도 하나님 말씀에 대한 바른 해석으로 승리하십니다.

## 하나님께서 심으신 것과 세상이 심은 것

내 아버지께서 심으신 것은 당연히 하나님의 말씀입니다. 그런데 이 세상에 하나님께서 심지 않은 것이 있다고 말씀하십니다.(15:13) 13장에서 그것은 원수 마귀가 뿌린 씨앗인데 바꿔 말하면 세상의 가르침 (가치와 철학)입니다. 이 가르침을 따르는 자들은 이 세상을 위해 봉사한다는 것입니다. 이 가르침은 제자를 만들어내고 누룩처럼 공동체에 급속히 퍼져나가는 특징이 있습니다.(마 16:6)

## "뽑힐 것이니"

13절의 이 은유적 표현은 13장 가라지(가자니온-독보리) 비유와 연결됩니다. 따라서 14절 '만일 맹인이 맹인을 인도하면 둘이 다 구덩이에 빠지리라'에서 사용된 구덩이(보쒸노스)는 문맥적으로 13장 42절의 가라지가 받을 영원한 불 심판을 의미합니다. 주님은 자신에게 도전하는 바리새인과 서기관들이 가라지들이며 영원한 불 심판을 받을 자들이라고 말씀하시는 것입니다.

그들이 엄중한 심판을 받는 이유는 하나님의 말씀을 맡은 자들로 하나님의 백성들을 지옥 백성으로 만들고 있기 때문입니다.(23:15) 예수님은 이들의 심판과 관련하여 "넘어지게 하는 것과 불법을 행하는 자들"(13:41)이라고 표현하십니다. 본문은 그 의미를 이해하는 데 실마리를 제공합니다.

## 넘어지게 하는 것

넘어지게 하는 것은 하나님의 말씀을 부분적으로 이해하고 받아들이는 것과 관련이 있습니다.(15:4~6) 말씀을 부분적으로 수용하는 자들은 하나님의 참뜻을 알지 못하므로 고난을 이겨내지 못합니다.(마 13:21~22, 마 15:3~6, 사 28:13) 이것이 넘어지는 자의 비밀입니다.

## 불법을 행하는 자들

본문에서 바리새인들은 장로들의 전통에 근거하여 하나님의 계명 중 일부를 지키지 않아도 괜찮다며 행하고 가르칩니다.(15:3~6) 이러한 그들의 가르침은 하나님의 법을 어겨도 무방하다는 사상적 근거를 제공합니다. 합당한 근거가 뒷받침된 불법은 이스라엘 내에 성행하게 되었을 것입니다. 이러한 태도는 말씀 때문에 손해를 감수하는 순종의 모습과는 거리가 먼 것입니다. 이들의 이러한 가르침은 이스라엘 백성들로 하여금 말씀에 대한 내적인 순종보다 외적인 행위를 유도하고, 결국 자신들도 외식하면서 외식하는 자들을 양산해 냅니다.

## 적용 및 기도

1) 성경 말씀 전체를 계시된 하나님의 말씀으로 인정하고 받아들여야 합니다. 자기 입맛에 맞는 말씀만 수용하여 행하는 자나 가르치는 자들은 결국 심판 날에 걸려 넘어지게 될 것입니다.

2) 진정한 신앙인은 모든 하나님의 말씀에 대하여 적극적 순종을 지향하는 자입니다. 성령의 충만함만이 이것을 가능케 할 것입니다. 성령의 충만함으로 하나님께서 심으신 말씀에 힘입어 입술과 행동의 열매를 풍성히 맺으시길 소원합니다.

# [15장 21~39절]
# 만민에게 복음 전파를 준비하시다

## 문맥

대적자들과 갈등이 고조되는 가운데, 예수님은 하나님의 나라를 세우시기 위하여 발걸음을 서두르십니다. 이 복음은 세상 만민에게 전파되어야 합니다.(마 28:19, 20) 그러나 자신의 유대인 제자들은 아직도 믿음이 작습니다. 또한 다른 민족을 개처럼 여기는 유대인의 우월의식에 젖어 있습니다.

## 만민에게 복음 전파를 준비하시다

예수님을 죽이려는 권세자들과의 갈등이 점점 고조되고 있습니다. 이 와중에 이동하신 곳은 두로와 시돈 지방입니다. 이곳은 사르밧 과부, 엘리야를 섬겼던 과부의 마을 근처입니다. 하나님은 사르밧 과부를 시켜 엘리야를 섬기도록 하셨습니다. 과부는 엘리야로 인해 양식 문제도 해결 받았고 아들의 죽음과 부활을 통해 이스라엘의 하나님을 진정으로 믿게 되었습니다.(왕상 17장)

예수님의 이방 사역은 '주인의 상에서 떨어지는 부스러기' 정도로 그치지 않습니다. 가나안 여인의 딸 생명을 회복시키시고 그 지역의 많은 이방 사람들의 병을 고쳐주심으로 이스라엘의 하나님께 영광을 돌리게 하셨습니다.(15:31) 또한 칠병이어의 이적으로 그들을 배불리 먹이셨습니다. 이것은 오병이어를 통해 이스라엘 백성을 먹이신 것과 같은 것이었습니다.[7]

사도행전을 살펴보면 유대주의라는 민족 우월주의가 복음 전파에 큰 장애물로 작용하는 것을 알 수 있습니다. 마태복음에서 이방인 백부장 이야기(8장), 가나안 여인과의 만남(15:21~28), 그리고 칠병이어(15:32~38)의 이적은 훗날 제자들이 유대 민족주의를 극복하고 만민을 복음으로 제자 삼을 수 있는 토대가 되었습니다.

### 적용 및 기도

1) 예수님 앞에서 개 취급을 받더라도 더 귀한 것을 위하여 자신을 낮춘 가나안 여인의 자세, 복음을 대하는 우리의 자세가 되어야 할 것입니다. 우리는 천시 받아도 할 말이 없는 이방인들이기 때문입니다. 우리에게 전해진 복음의 가치는 우리가 측량할 수 없습니다. 세상 모든 것과 바꿀만한 가치가 있습니다.

---

**7** 크레이그 L. 블롬버그, "마태복음", 『성경신학 스터디바이블』, 1860.

2) 본문에서 복음을 땅끝까지 전하기 위해 제자들을 준비시키시는 예수님의 모습을 봅니다. 이 복음이 우리에게 당도하기까지 값비싼 대가를 지불하였습니다. 이 복음의 가치를 자신의 생명보다 크게 여기고 기꺼이 헌신한 자들의 공로 때문입니다. 이 사역에 동참하는 것은 복음을 삶으로 살아내는 것입니다. 복음의 삶으로 충만케 되길 소원합니다.

# [16장 1~12절]
# 바리새인과 사두개인의 누룩을 경계하라

## 문맥

세상의 권세는 그 하수인들을 통해 계속해서 예수님을 무너뜨리려 합니다. 이들의 시험 이후, 예수님은 제자들에게 가장 경계해야 할 것을 깨닫게 하십니다. 그들의 가르침은 메시아를 앞에 두고도 알아보지 못하게 합니다. 또한 시대의 표적을 분별하지 못하는 영적 무능력에 빠지게 합니다. 제자들뿐만 아니라 모든 신자는 이 가르침을 항상 경계해야 합니다.

## 바리새인과 사두개인의 누룩을 경계하라

본문 16:6~12절은 복음서에서 제자들의 아둔함을 질책하시는데 제자들이 깨닫기까지 몰아붙이시는 모습은 상당히 낯선 장면입니다. 주님의 이런 모습을 볼 때, 바리새인과 사두개인의 누룩이 어떤 것인지를 깨닫는 것은 제자들뿐만 아니라 모든 그리스도인에게 가장 중요한 부분으로 생각됩니다.

## 바리새인과 사두개인의 교훈(가르침)

바리새인들의 가르침은 율법주의라고 할 수 있습니다. 예수님 당시 이들의 가르침은 외적인 행위에 치중하게 하였고 율법에서 더 중요하게 여기는 정의와 긍휼과 믿음(신의)을 버리게 하였습니다.

교회가 시작되고 이들의 가르침은 교회를 분열케 하는 원인이 되었습니다.(행 15장) 그들은 할례당을 만들어 초대교회에서 영향력을 행사하였는데, 구원을 받기 위해서 그리스도의 십자가 이외에 다른 것(율법 준수, 할례)도 필요하다는 주장을 펼쳤습니다.(행 15:1, 딛 1:10) 그들의 가르침은 오늘날에도 여전히 교회를 분열시키고 있습니다. 로마 가톨릭 교리나 바울의 새관점이라는 현대신학이 대표적인 예라고 할 수 있습니다.

사두개인들의 가르침은 현실주의 또는 합리주의입니다. 이들은 부활도 영혼의 존재도 믿지 않는 자들이었습니다. 이성적으로 받아들일 수 있는 하나님의 말씀만 수용하였고 정치 권력과 쉽게 손을 잡았던 자들입니다. 오늘날로 말하면 세속화된 종교인들로 기복주의적, 자유주의적 신학을 따르는 사람들입니다.

## 교회가 바리새인과 사두개인의 가르침을 경계해야 하는 이유

먼저 율법주의나 자유주의적 신학으로는 영혼을 거듭나게 할 수 없고 도덕적 기준을 제시하는 다른 종교를 뛰어넘는 가치를 부여할 수 없습니다. 때문에 복음의 가치가 세속적 가치로 제한되어 하나님 나라의 확장은 더는 기대할 수 없게 됩니다.

두 번째, 오직 예수님을 믿음으로 영생을 얻게 된다는 진리를 바로 전하지 못하게 될 것입니다. 세상을 하나님의 말씀으로 변화시키지 못하고 세상의 가르침을 기준으로 하나님의 말씀을 정의하며 구원의 길이 아닌 타협의 길을 걷게 될 것입니다.

세 번째, 바리새인과 사두개인들처럼 예수님을 앞에 두고도 메시아를 알아보지 못한 우를 범하게 될 것입니다. 결론적으로 다시 오실 주님의 때에, 시대의 표적을 분별하지 못하는 맹인이 되어 맹인들을 인도하다 구덩이에 빠지게 될 것입니다.(마 15:14, 24:48~50)

## 적용 및 기도

1) 그리스도 예수 안에서 우리는 바리새인들보다 더 높은 율법의 의를 가진 자들입니다. 그리스도의 은혜를 풍성히 누리며 그 사랑을 흘려보내는 삶이 그 증거입니다. 그러한 삶으로 충만케 되기를 소원합니다.

2) 세상의 가르침에 젖어서는 시대의 표적을 분별하지 못합니다. 지금은 분명 재림이 가까운 시대입니다. 당신과 가까운 이들의 영

원한 상태는 이것으로 결정될 것입니다. 늘 말씀을 가까이하며
시대의 표적을 분별하는 영적 안목을 갖추길 소원합니다.

# [16장 13~28절]
# 내 교회를 세우리라

## 문맥

예수님은 요나의 표적(십자가와 부활)을 향하여 계속 나아가십니다. 이제 주님은 예루살렘을 향하여 마지막 사명의 여정을 시작하실 것입니다. 그 출발지로 이스라엘 최북단의 이 도시(빌립보 가이사랴)는 적당해 보입니다. 주님은 하나님의 일을 마치시고 제자들을 통하여 복음으로 이 땅을 정복해 가는 교회를 세우실 것입니다. 이 땅의 하나님의 나라, 교회는 예수님과 제자들의 십자가로 세워질 것입니다.

학자들은 이 본문을 예수님의 공생애 사역의 전환점이라 말합니다. 이 말씀들의 요점은 자신의 교회를 세우시려는 주님의 의도에 있습니다.

## "이 반석 위에 내 교회를 세우리니"

제자들이 자신을 "주는 그리스도요 하나님의 아들"(16:16)로 고백하며 확신하게 되었을 때, 예수님은 자신의 비전을 계시하십니다. 그것은 자신의 교회를 세우시려는 계획입니다. 주님의 교회는 베드로라는 한 개인이 아닌, 그의 고백과 같은 믿음 위에 세워질 것입니다. 이 믿음은 예수님을 하나님의 아들, 생명의 구원자, 생명의 주님으로 확신하는 것입니다. 또한 '내 교회'라는 말은 예수님께서 주인 되시는 교회를 의미합니다. 따라서 이 믿음의 고백과 함께 주님을 진정한 주인으로 인정하는 교회만이 음부의 권세를 계속해서 이겨낼 수 있을 것입니다.

## "지옥의 문들(번역: 음부의 권세)이 이기지 못하리라"

음부의 권세의 정확한 번역은 '지옥의 문들'입니다. 성경은 아담의 후손들이 '죽음이 두려워서 평생 매여 있는 종'(히 2:15)이 되어 있다고 정의하고 있습니다. 사탄의 왕국인 이 세상에 주님의 교회, 각 지역의 교회들이 세워짐으로 그 땅의 지옥의 문들을 정복하고 죄와 사망에 매여 있는 종들을 해방할 것입니다.

## 음부의 권세를 이기는 교회는 십자가로 세우는 교회

십자가 없이는 교회도 없습니다. 예수님의 표적, 십자가와 부활만이 이 음부의 권세를 이길 수 있기 때문입니다. 따라서 십자가의 길을 만류하는 베드로를 사탄이라 책망(16:23)하시는 이유는 교회를 세우시는 하나님의 구원 계획에 대적하는 생각이기 때문입니다.

계속해서 예수님은 제자들의 믿음이 자신을 위하여 목숨마저도 기꺼이 버릴 수 있는 수준까지 이르기를 촉구하십니다.(16:24~28) 우리가 알다시피 제자들은 훗날 주님의 십자가와 부활을 목도하고 완전한 확신 가운데 자기 십자가를 지고 주님을 따라갔습니다. 그들의 십자가로 인해 교회는 든든히 세워졌고 그 뒤를 쫓는 자들에게 지금까지도 큰 확신을 주고 있습니다.

## 적용 및 기도

1) 주님은 지금도 "자신을 부인하고 자기 십자가 지고 나를 따르라"라고 말씀하십니다. 교회를 위하여 섬기는 일은 자기 부인과 희생이 필요한 일입니다. 주님께서 아버지의 영광으로 오실 때에 행한 대로 갚아주실 것입니다.(16:27) 영원한 상급을 바라보는 삶으로 충만하길 소망합니다.

2) 오늘날 한국 교회가 어렵습니다. 다음 세대가 무너져가고 있기 때문입니다. 그러나 십자가를 기꺼이 감당하는 기성세대로 인하여 우리의 다음 세대도 그 길을 따라올 것입니다. 이 땅의 것을 기꺼이 포기하고 희생과 섬김의 길로 나아가는 기성세대가 많아지길 소원합니다.

# 6부

# 교회의 터를 닦으시는 하나님의 아들

17장부터 20장까지는 변화산에서 예루살렘까지 여정과 주님의 말씀이 기록되어 있습니다. 그분을 따르는 자들의 세속적 욕망이 드러나는 가운데 예수님은 자신의 십자가 죽음과 부활을 계속해서 언급하십니다. 성전으로 올라가는 길, 이 구원의 길에서 걸려 넘어지게 하는 것들을 드러내시고 신자의 바른 삶에 대하여 말씀하십니다. 주님은 끝까지 긍휼과 섬김의 본을 보이십니다. 이러한 주님의 가르침과 태도는 새로운 하나님의 나라, 이 땅의 교회가 경계해야 할 것들이며 닮아가야 할 모습들입니다.

# [17장 20:28절_1부]
# 영생으로 들어가는 믿음

## 문맥

교회를 세우시려는 그분의 뜻을 계시하신 예수님은 이제 사역의 중심지, 갈릴리와 가버나움으로 오셔서 이곳에서의 사역을 마무리 지으실 것입니다. 그러나 아직도 하나님 나라에 합당하지 못한 믿음들뿐입니다.(17:17) 17장 17절 주님의 탄식은 이러한 배경에서 이해됩니다. 갈릴리에서 예루살렘까지, 마태는 변화산에서 확연히 드러난 하나님의 나라를 중심으로 그곳에 들어가기에 합당한 믿음과 그 제자 된 삶을 연결하고 있습니다. 이번 편에서는 믿음의 관점으로 정리해 보았습니다.

## "너희는 그의 말을 들으라"

17장에서는 변화산 사건을 통해 예수님의 신성, 하나님의 아들 되심의 계시가 절정에 이르고 하나님 나라가 그 영광 가운데 실체가 드러납니다. 악한 영을 내쫓고(17:14~18) 물고기를 통해 성전세를 내도록 하신 이적(17:24~27)은 이 계시를 뒷받침합니다.

예수님은 보이는 세계와 보이지 않는 세계를 다스리시는, 하나님의 신성을 가지신 하나님의 아들이십니다. 우리가 구원을 얻기 위해 예수님의 말씀에 순종해야 하는 이유는 모세가 예언(신 18:15)한 그분이시기 때문이며 무엇보다 하나님께서 직접 명령하셨기 때문입니다.(17:5)

## 하나님 나라에 합당하지 않은, 삐뚤어진 제자들의 믿음

17:17 예수께서 대답하여 이르시되 믿음이 없고 패역한 세대여 내가 얼마나 너희와 함께 있으며 얼마나 너희에게 참으리요 그를 이리로 데려오라 하시니라

17:19 이 때에 제자들이 조용히 예수께 나아와 이르되 우리는 어찌하여 쫓아내지 못하였나이까

17:20 이르시되 너희 믿음이 작은 까닭이니라 진실로 너희에게 이르노니 만일 너희에게 믿음이 겨자씨 한 알 만큼만 있어도 이 산을 명하여 여기서 저기로 옮겨지라 하면 옮겨질 것이요 또 너희가 못 할 것이 없으리라

본문 19~20절에서 기록된 제자들이 귀신을 쫓아내지 못한 이유에 대한 해석은 어렵습니다. 다른 복음서의 기록에 의지하여 이 축귀사역에는 믿음의 크기, 기도의 유무 그리고 금식하는 것과 관련이 있을 수 있습니다. 다른 기자들과는 달리 마태는 이 부분에서 믿음을 강조하고 있음을 주의 깊게 볼 필요가 있습니다.

먼저 '패역한' 세대라고 번역된 단어(디아스트레포)는 '삐뚤어진'으로 해석할 수 있습니다. 따라서 예수님께서 말씀하신 의미는 믿음의 크기가 아니라 방향 또는 성격을 의미하는 것 같습니다. 하나님의 말씀에서 벗어난 또는 하나님의 말씀이 지향하는 것과는 거리가 있는 것으로 이해할 수 있습니다. 따라서 크게 보이는 믿음일지라도 예수님은 이들에게 "믿음이 없다"(17절)라고 말씀하신 것입니다.

## 제자들의 합당하지 못한 믿음

**먼저 제자들은 예수님의 말씀을 온전히 신뢰하지 못합니다.**(17:22~23)

제자들은 예수님께서 십자가 죽으심과 부활을 이야기하면 슬퍼하기만 합니다. 부활에 대한 예수님의 말씀을 온전히 신뢰하지 못하고 있습니다.

**제자들의 믿음에는 겸손함이 없습니다.**(18:1~4, 20:1~16, 20:20~28)

예수님은 서로 큰 자가 되려는 제자들에게 "너희가 돌이켜 어린아이들과 같이 되지 아니하면 결단코 천국에 들어가지 못하리라"라고 말씀하십니다. 어린아이는 겸손의 모델로 사용하셨습니다. 예수님의 말씀에 근거하면 당시 제자들은 하나님 나라에 합당한(혹은 들어갈 수 있는) 믿음이 아니었다고 볼 수도 있습니다.

### 제자들은 자기보다 낮은 자들을 업신여기는 마음이 남아있습니다.(18:5~10, 19:13)

예수님께서 손, 발, 눈이 범죄 하거든 그것을 가지고 지옥에 떨어지지 말고 찍어내고 뽑아버림으로 천국에 들어가라고 말씀하십니다. 문맥적으로 여기서 이 범죄는 어린아이와 같이 작은 자들을 업신여기는 것을 말합니다. 이렇게 영혼을 실족하게 하는 사람에게는 지옥에 떨어지는 화가 있습니다.

### 제자들은 아직 형제를 진심으로 용서하지 못합니다.(18:22~35)

만 달란트 빚진 자의 비유는 모든 신자에게 하신 말씀이나 일차적으로 제자들에게 하신 말씀입니다. 따라서 제자들은 아직 예수님께서 요구하는 용서의 기준을 충족시키는 믿음들이 아니라고 볼 수 있습니다. 예수님은 형제를 진심으로 용서하지 않는 자를 하나님께서도 용서하지 않으실 것이라고 말씀하십니다.

만 달란트 빚진 자의 비유를 말씀하신 예수님의 의도를 우리는 깨달아야 합니다. 제자들은 아직 주님의 십자가, 하나님의 만 달란트 은혜를 경험하지 못한 상태입니다. 하나님의 만 달란트 은혜를 경험한 제자들, 즉 하나님께 불쌍히 여김을 받고 그분의 용서를 경험한 자들은 예수님의 말씀을 따라 진심으로 형제를 불쌍히 여기려 노력할 것입니다. 주님께서 이것을 바라셨을 것입니다.

또한 이 비유는 주님을 따른다는 신자들 중 그 형제에게 인색한 마음을 품는 자들을 향하고 있습니다. 이런 태도를 견지하는 자들은 아직 하나님의 은혜를 경험하지 못한 사람일 가능성이 큽니다. 아직 구원받는 진정한 믿음을 소유했다고 보기 어렵습니다.

### "겨자씨 한 알 만큼"(17:20)의 의미

이제 "겨자씨 한 알 만큼"이 무엇을 말하는지 이해할 수 있습니다. 예수님은 믿음의 크기를 말씀하신 것이 아니라 생명이 있는 믿음에 대하여 말씀하신 것입니다. 하나님 나라에 합당한 믿음, 하나님 나라의 큰일을 이뤄나가는 믿음은 예수님의 말씀을 신뢰하는 것뿐만 아니라 그분의 겸손과 긍휼이 동반되어야 합니다. 이것이 율법과 계명이 지향하는 바이며 삐뚤어지지 않은 올바른 믿음입니다. 비록 겨자씨처럼 작을지라도 이러한 믿음이 생명이 있습니다.

### 적용 및 기도

1) 주님께서는 삐뚤어진 제자들의 믿음을 패역하다고 평가하셨습니다. 외적으로는 예수님을 따른다고 하지만 주님의 말씀을 온전히 신뢰하지 못하고 타인을 향한 긍휼과 겸손이 부족하기 때문입니다. 바른 믿음을 소유한 참 신자들이 이 땅에 늘어가는 역사가 있기를 소원합니다.

2) 우리는 큰 믿음을 추구하는 것이 아니라 바른 믿음을 추구해야 합니다. 그것은 일상에서 작은 배려와 겸손일 것입니다. 이 작은 실천에 하나님 나라가 있습니다. 머무는 공간 어디라도 작은 것부터 긍휼과 감사를 흘려보내는 삶으로 채워지길 소원합니다.

# [17장 20:28_2부]
# 그리스도를 따르는 삶

## 문맥

17장부터 20장까지, 변화산과 갈릴리로부터 예루살렘 입성 전까지 하나의 큰 주제는 '영생의 길로 인도하는 하나님의 아들'입니다. 예수님께서는 생명(구원)의 길을 가로막는, 모든 걸려 넘어지게 하는 것들을 제거하십니다. 마태가 예수님의 말씀과 삶을 기록한 이유는 성도들 또한 그분의 길을 따르도록 하기 위함입니다.

예수님께서 예루살렘 입성 후에 하신 첫 번째 일은 성전을 깨끗게 하신 일입니다.(마 21:12~13; 막 11:15; 눅 19:46) 이 모습은 생명(영생)의 길에서 걸려 넘어지게 하는 것들을 없이 하시는 심판자의 모습입니다. 마 17~20장의 주요 흐름도 바로 이것입니다. 예수님은 이 구원의 길에서 사람을 걸려 넘어지게 하는 것들을 드러내시고 신자의 바른 삶에 대하여 말씀하십니다.

## 영생의 길로 인도하는 하나님의 아들

변화산에서 하나님의 나라의 영광과 극치를 맛보게 하신 예수님은 이제 예루살렘을 향하여 나아가십니다. 죄 용서를 통해 생명(영생)으로 인도하던 하나님의 성전은 그 기능을 상실하였습니다. 하나님 나라의 열매를 맺지 못하고 있습니다. 예수님은 이 구원의 길을 가로막는 모든 것을 드러내시고 심판하실 것입니다. 그것의 가장 큰 영적 대적은 세상(사탄)의 가르침입니다.(마 16:1~12)

17~20장에서 마태는 사람을 생명(구원)의 길에서 넘어지게 하는 것들을 중심으로 이야기를 전개합니다. 그림 2)는 이해를 돕고자 간략히 표현한 것입니다. 이것들을 구분하면 외적인 요인과 내적인 요인으로 나눌 수 있습니다.

**예루살렘(하나님의 나라)**

세상의 가르침(종교인들의 누룩): 16:1~12

명예(권력): 18:1~4, 20:20~28

간음죄: 19:1~12

재물: 19:16~30

죄: 18:15~20

긍휼 없음(무자비): 18:21~30

교만(업신여김): 18:5~14, 20:1~16

특권의식(성전세): 17:24~27

악한 영: 17:14~20

예수 그리스도

제자들

그림 2) 영생의 길에 모든 걸림을 제거하시는 하나님의 아들

**구원의 길에서 넘어지게 하는 외적인 요인들**

외적인 요인: 악한 영, 종교인들의 특권의식, 종교인들의 무자비함, 종교인들의 겸손하지 못한 행동들

**구원의 길에서 넘어지게 하는 내적인 요인들**

내적인 요인: 죄, 간음죄(육신의 정욕), 재물(안목의 정욕), 사회적 명예

(이생의 자랑)

여기서 우리는 마태가 그리는 예수님의 삶에 주목해야 합니다. 예수님은 말로만 하나님의 말씀을 가르치는 이스라엘의 선생들과는 다릅니다. 그분의 삶은 말씀과 일치되십니다. 이 책(마태복음)을 읽는 독자들은 마땅히 행해야 할 신자의 삶을 깨닫게 될 것입니다.

## 예수님을 따르는 자들이 지향해야 할 삶의 모습들

1. 교회 안팎에서 종교적 특권을 주장하지 않습니다.(17:24~27, 20:25~28)
2. 세상의 명예를 추구하지 않습니다.(20:20~28)
3. 죄인들과 사회적 약자들에게 긍휼히 대합니다.(18:21~35, 19:14~15, 20:30~34)
4. 겸손하며 작은 자도 업신여기지 않습니다.(18:1~14; 20:1~16)
5. 죄짓지 않으려 힘쓰고 죄로 넘어진 형제를 사랑으로 일으켜 세우기 위해 힘쓰며 함께 기도합니다.(18:15~20)
6. 배우자에게 완악하게 대하지 않습니다.(19:1~12)
7. 재물보다 하나님의 나라를 우선하는 삶을 추구합니다.(19:16~30)

## 적용 및 기도

1) 예수님은 하나님의 아들이셨지만 종교적 특권을 신자들이나 불신자들에게 요구하지 않았습니다. 이것 때문에 혹여 누군가에게 걸림이 되지 않도록 주의하셨던 것입니다.(마 17:27) 일부 대형교회의 목회자 세습 문제나 일부 목회자와 선교사들의 제왕적 교회 운영의 모습들은 이 시대의 큰 걸림으로 작용하고 있습니다. 교회(성도)는 세상에서 주님과 하나님 나라를 위한 희생과 섬김의 모습이어야 합니다. 그런 교회(성도)들이 이 땅에 가득하여지고 이 땅에 걸려 넘어지게 하는 것들이 제거되어 신자들의 삶이 걸림이 아닌 영생의 길로 인도하는 나침반이 되기를 소원합니다.

2) 예수님의 삶은 걸려 넘어진 자들을 사랑으로 회복시키시는 삶이셨습니다. 우리 주위에 많은 기독교 배경을 가진 불신자들을 품고 함께 기도하는 모임들이 더욱 늘어나길 소원합니다.

# [20:1~16절]
# 포도원 품꾼들 비유의 바른 이해

## 비유의 대상은?

이 비유에서 예수님께서 누구를 대상으로 말씀하셨는지가 중요합니다. 비유에서 고용된 일꾼들은 유대인들과 이방인들, 옛 언약과 새언약의 일꾼들, 이스라엘의 종교 지도자들, 그리고 당시 예수님의 제자 중 한 그룹일 것입니다.

## 유대인들과 이방인들로 보는 이해의 유해함

먼저 온 일꾼들과 나중에 합류한 일꾼들을 유대인들과 이방인들로 이해하는 분들이 많습니다. 때문에 이 비유를 유대인들의 선민의식이나 민족적 우월의식에 대한 말씀으로 이해하시는 분들이 더러 있습니다. 우리는 성경을 읽고 나에게 적용하여 성화를 이루고 하나님 나라를 세워나갑니다. 그러나 이 말씀을 유대인들에 한정시키는 해석은 오늘 우리와 연결점이 희박합니다.

그럼에도 불구하고 성경이 그렇게 말하고 있다면 우리는 그것을 택해야 합니다. 문제는 성경 본문이 이 비유의 대상을 그렇게 한정하지 않는다는 데 있습니다.

## 비유의 1차 청중은 "제자들"이다

19:27 이에 베드로가 대답하여 이르되 보소서 우리가 모든 것을 버리고 주를 따랐사온대 그런즉 우리가 무엇을 얻으리이까
19:28 예수께서 이르시되 내가 진실로 너희에게 이르노니 세상 이 새롭게 되어 인자가 자기 영광의 보좌에 앉을 때에 나를 따르는 너희도 열두 보좌에 앉아 이스라엘 열두 지파를 심판하리라
19:29 또 내 이름을 위하여 집이나 형제나 자매나 부모나 자식이나 전토를 버린 자마다 여러 배를 받고 또 영생을 상속하리라
19:30 그러나 먼저 된 자로서 나중 되고 나중 된 자로서 먼저 될 자가 많으니라

문맥적으로 이 비유는 19:27절 베드로의 질문에 대한 대답(상급)과 연결됩니다. 그런데 예수님은 베드로의 질문 외에 다른 부분을 추가하십니다. 그것이 '먼저 된 자로서 나중 되고 나중 된 자로서 먼저 될 자가 많으니라'(개역 개정)라는 문구입니다. 바른 성경은 '많은 으뜸 된 자들이 마지막이 되고 마지막이 된 자들이 으뜸이 될 것이다'로 번역하였습니다.

예수님은 왜 베드로가 묻지도 않은 것을 추가로 언급하셨을까요? 그것은 18장 1~4절까지 거슬러 올라가야 의문이 풀립니다. "그때에 제자들이 예수께 나아와 이르되 천국에서는 누가 크니이까."(마 18:1) 여기서 예수님은 "이 어린아이와 같이 자기를 낮추는 사람이 천국에서 큰 자니라"(마 18:4)라고 말씀하시는데 이것으로 당시 제자들 간 서열 의식, 서로 큰 자가 되려는 명예욕, 그리고 겸손하지 못한 그들의 믿음 상태를 책망하신 것입니다.

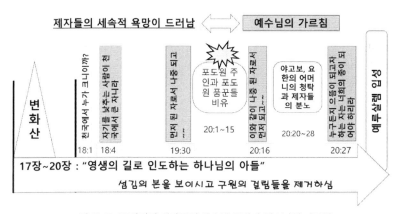

그림 3) 17~20장까지 제자들의 세속적 욕망과 예수님의 가르침

품꾼들 비유도 이러한 맥락에서 이해되어야 합니다. 비유의 1차 청중은 당시 예수님과 함께 있었던 제자들이고 예수님께서 29절을 말씀하심으로 (새)언약의 일꾼들이나 하나님 나라의 일꾼들로 확대해도 무리는 없습니다. 포괄적으로 하나님 나라로 부름 받은, 신구약을 뛰어넘어 모든 신자들까지도 이 비유의 적용 대상으로 포함할 수 있을 것입니다.

## 품꾼들 비유의 목적

품꾼들 비유의 목적은 마지막 20:16절에서 확연히 드러납니다. "이와 같이 나중 된 자로서 먼저 되고 먼저 된 자로서 나중 되리라." 보는 바와 같이 19장 30절의 말씀을 순서를 바꾸었는데 이것은 반복 강조하는 표현입니다. 이 비유 앞과 뒤에 이 문구가 있다는 것이 비유 해석의 포인트입니다.

따라서 이 비유는 먼저 제자들의 겸손하지 못한 믿음의 상태를 드러내시고 말씀으로 가르치시기 위함입니다. 또한 이 말씀은 모든 새언약의 일꾼들이 가져야 할 섬김의 자세를 일깨워 줍니다. 하나님 나라의 일꾼 된 자의 자세는 낮아짐, 즉 겸손입니다. 권위주의와 남을 업신여기는 태도는 하나님 나라를 세우지 못하고 다른 영혼들을 구원으로 이끌지 못합니다. 장차 주님의 부활과 승천으로 시작될 교회의 가장 큰 걸림이 될 것입니다. 때문에 주님은 계속해서 제자들의 민감한 부분을 언급하시는 것입니다.

## 적용 및 기도

문맥적 이해로부터 이 품꾼들 비유는 당시 제자들을 포함한 새언약의 일꾼들이 일차적인 대상입니다. 예수님은 이 비유를 통하여 하나님의 주권적 은혜에 대한 신자(일꾼)들의 합당한 태도와 자세를 가르치신 것으로 이해하는 것이 문맥적으로 타당합니다. 이 본문에서 다른 어떤 것보다 이 주제가 강조되어야 하는 이유는 이 말씀에서 우리는 오늘날 기독 공동체에 뿌리박혀 있는 권위주의를 타파하고 구원의 길에 걸림돌을 제거할 수 있는 적용(동력)을 얻을 수 있기 때문입니다.

# [20:29~34절]
# 긍휼과 섬김의 주

## 문맥

"하늘나라에서는 누가 가장 큽니까?"(18:1)라는 제자들의 질문에 대한 예수님의 가르침은 자신이 "많은 이들을 위한 대속물"(20:28)이라는 비장한 말씀으로 끝을 맺습니다. 이제 신약의 예슈아는 여리고를 지나가십니다. 여호와를 주님으로 영접한 라합처럼, 비천한 맹인들이 예수님을 다윗의 자손이라 부르며 구원을 바라고 있습니다.

여리고에서 구약의 여호수아는 옛 이스라엘 백성들과 함께 그 성을 무너뜨림으로 하나님의 성전을 시작하였습니다. 신약의 예수 그리스도 또한 여리고에서 자신을 따르는 새 이스라엘 무리와 함께 예루살렘을 향하여 나아가십니다. 악한 농부들에 대한 심판을 선포하시는, 생명을 거신 그분의 거룩한 싸움이 시작될 것입니다.

## 마태의 강조점: 긍휼과 섬김의 주님

예수께서 여리고를 지나가시는 특별한 상황을 3명의 성경 기자는 각기 다른 시각으로 기록하고 있습니다. 마가는 구원받는 믿음(막 10:52)을 강조하고 누가는 악한 종들을 처단하는 의로운 왕의 모습을 그리고 있습니다.(눅 19:27) 그러나 마태는 끝까지 자기 백성에게 긍휼을 베푸시는, 섬기는 주님의 모습을 그리고 있습니다.

> 20:28 인자가 온 것은 섬김을 받으려 함이 아니라 도리어 섬기려
> 하고 자기 목숨을 많은 사람의 대속물로 주려 함이니라

곧이어 예수님은 옛 언약의 종들에게 임박한 심판을 선포하실 것입니다. 아버지의 구원 계획을 이루기 위해, 뒤틀리고 어그러진 세상을 다시 바로잡으시려는 그분의 크신 계획을 실천하실 것입니다. 그런데 주님은 인류의 역사에서 가장 중요한 그 순간에도 (앞을 보지 못하는) 비천한 자들의 간구를 외면하지 않으십니다. 그분의 발걸음은 언제나 자신을 왕과 주인으로 인정하고 긍휼 얻기를 구하는 자들을 위해 기꺼이 멈추십니다.

## 적용 및 기도

1) 주님은 언제나 당신께 소망을 두는 자들을 불쌍히 여기시며 그들의 간구를 외면하지 않습니다. 주님을 따르는 자들의 삶도 이와 같아야 합니다. 한 사람 한 사람의 작은 믿음과 사랑의 실천이 있을 때 비로소 우리가 꿈꾸는 하나님의 의와 사랑이 충만한 나라를 보게 될 것입니다.

2) 앞을 보지 못하던 자들이 주님을 만나고 확신함으로 그분을 따라갔습니다. 이 땅의 영적인 장님들에게 우리는 생명의 주님을 보여주어야 합니다. 천국을 소망하는 우리의 올곧은 발걸음을 보고 우리의 이웃들 또한 주님께 소망을 두게 될 것입니다.

7부

# 메시아의 투쟁

드디어 성에 들어가셨습니다. 주님은 생명과 구원의 길에 모든 걸림들을 제거하십니다. 성전을 정화하시고 말씀에서 벗어난 가르침들을 바로잡으십니다. 외식하는 종교인들을 향하여 심판을 선포하십니다. 애굽으로부터의 구원을 의미하는 유월절에 자신을 죽이 도록 대적자들을 몰아붙이십니다.

주님은 말씀의 검으로 그들을 대적하십니다. 말씀에 온전히 순종하신 주님의 검에 대적 자들은 놀라며 말문이 막혔습니다.

# [21:1~17]
## "호산나, 다윗의 자손께"

### 문맥

드디어 주인이 돌아왔습니다. 그곳을 맡은 자들은 주인의 당부를 저버리고 강도가 되어 있습니다. 그러나 성으로 들어가시는 주님의 모습에서 심판자의 모습이라곤 찾아볼 수 없습니다.

대속 제물이 되시려는 주님은 순하고 나약한 모습으로 그 성으로 들어가십니다. 그런데 온 성이 소동이 일어납니다. "호산나 다윗의 자손께"라는 외침이 온 성과 성전에 울려 퍼집니다. 30여 년 전의 소동이 당황스러움이었다면 이제는 기쁨과 환희로 가득합니다.

### 마태의 강조

마태는 이 역사적 사건을 기록하면서 시간을 건너뛰고 압축합니다. 마태가 중요하게 기록하는 주제는 유월절 어린 양으로, 대속 제물로 자신을 드리려는 주님의 행동들입니다.

마태는 주님께서 예루살렘에 들어가셔서 성전을 정결케 하신 일을 가장 첫 번째 중요한 일로 기록하고 있습니다. 이 일로 종교 지도자들과의 관계가 적대적으로 치닫습니다. 마태가 그리는 성안에서 예수님의 모습은 대적자들에게 자신의 생명을 던지시는 투사의 이미지입니다. 그들은 축제의 날에 예수를 죽일 수밖에 없도록 궁지에 몰립니다.

## 복되시다, 주님의 이름으로 오시는 분

ὡσαννὰ τῷ υἱῷ Δαυίδ
(제발 구원하소서 다윗의 자손께)
εὐλογημένος ὁ ἐρχόμενος ἐν ὀνόματι κυρίου·
(복되시다, 주님의 이름으로 오시는 분)
ὡσαννὰ ἐν τοῖς ὑψίστοις.
(제발 구원하소서 가장 높은 곳에서)

백성들은 다윗의 후손으로 오시는 이스라엘의 진정한 주인이자 왕, 가장 높은 곳에서(하늘에서) 자신들을 구원할 메시아로 오신 예수님을 찬미하고 있습니다.

이 찬미에서 인고의 세월을 살아가고 있는 이스라엘 백성의 고통과 서러움이 느껴집니다. 주권을 빼앗긴 하나님의 백성들, 다윗의 왕위는 이방인 왕이 차지한 지 오래입니다. 그뿐만 아니라 가장 높으신 분의 성전은 눈먼 종교인들의 외식으로 구원의 문이 굳게 닫혀 있습니다.

예루살렘 성과 성전 안에 울려 퍼지는 "호산나(제발 구원하소서)"의 외침, 그 간절한 간구를 향한 주님의 행보가 시작됩니다.


## 종교 지도자들과의 갈등 고조

마태는 예수님께서 입성하셔서 가장 먼저 하신 일을 성전 정화 사건으로 기록하고 있습니다. 예수님은 하나님께로 나아가는 데 걸림이 되는 것들을 제거하십니다. 하나님의 전에서 긍휼을 받지 못하던 자들이 예수께 나아와 고침을 받습니다.(21:14) "제발 구원하소서 다윗의 자손께"라는 외침이 성전에까지 울려 퍼지고 있습니다.

"저들이 뭐라고 하는지 들립니까?"(21:16)

종교 지도자들은 예수를 다윗의 후손이나 선지자로 인정하지 않습니다. 이 말에 담긴 속뜻은 "당신이 다윗의 자손입니까?", "당신이 우리를 구원할 메시아라고 생각하십니까?", "당신은 이런 상황이 말이 된다고 여깁니까?", "이것에 대해서 뭐라 말 좀 해보시오!"

"그렇다 어린 아기와 젖먹이들의 입에서 나오는 찬미를 온전하게 하셨나이다 함을 너희가 읽어 본 일이 없느냐"(21:16)

첫 번째 전투는 예수님께서 그들을 말씀도 제대로 읽지 않는 자들로 면박을 주시는 것으로 끝을 맺습니다.

**적용 및 기도**

1) 예수님은 구원의 문을 다시 회복하시기 위하여 성전의 모든 걸림
들을 제거하십니다. 예수님이 우리의 성전이십니다. 우리는 예수
님 안에서 참 회복과 참 구원을 얻을 수 있습니다.

2) 우리는 이 복음을 가벼이 여겨서는 안 됩니다. 화평의 복음, 모든
이들에게 값없이 주어지지만, 결코 값싼 복음이 아닙니다. 하나님
의 아들이 친히 자신의 생명을 던지심으로 쟁취하신 것입니다.

# [21:18~22]
# 외식하는 무화과나무

## 문맥

전날 종교 지도자들과 전투를 치르신 예수님의 다음 행보에 사람들의 이목이 쏠립니다. 마태는 예수님의 마지막 예루살렘 사역을 구원의 문을 여시는 모습으로 그리고 있습니다. 구원의 문을 닫는 가장 큰 걸림돌은 '종교인들의 외식'입니다. 이런 문맥을 고려해야 이 무화과나무를 대하신 예수님의 행동을 가장 잘 이해할 수 있습니다.

## 외식하는 무화과나무

21:19 길가에서 한 무화과나무를 보시고 그리로 가사 잎사귀밖에 아무것도 찾지 못하시고 나무에게 이르시되 이제부터 영원토록 네가 열매를 맺지 못하리라 하시니 무화과나무가 곧 마른지라

21:21 예수께서 대답하여 이르시되 내가 진실로 너희에게 이르노니 만일 너희가 믿음이 있고 의심하지 아니하면 이 무화과나무에게 된 이런 일만 할 뿐 아니라 이 산더러 들려 바다

에 던져지라 하여도 될 것이요

이 본문에 대한 다양한 해석이 많습니다. 예수님께서 말씀하신 이 산은 예루살렘이 있는 산을 의미할 것입니다. 그렇다면 예수님께서는 이 산성(예루살렘)에 대한 심판을 선포하시는 것이기도 합니다. 그러나 마태는 두 가지를 강조합니다.

예수님은 열매 맺을 시기가 아닌 무화과나무를 찾아오셔서 선하지 못한 말씀을 하십니다. 우리는 이 말씀을 구속사적으로 잘 풀어내야 하는 숙제가 있습니다.

박윤선 박사는 이 부분을 다음과 같이 주석하였습니다.

'무화과나무'는 열매 맺은 후에야 잎이 무성한 법이다. 그러함에도 불구하고 이 나무는 열매 맺기도 전에 잎이 푸르렀다. ~중략~ 아직 때도 아닌데 잎이 무성했던 터인지라 실과가 없었다. 그것은 외식의 상징이었다. ~중략~ 그것은 그때에 유대인의 외식을 책망하기에 사용될 만한 재료였다.'[8]

무화과나무가 잎만 무성하고 열매가 없는 것이 그 모양만 있을 뿐 천국 열매를 맺지 못하고 있는 종교인들과 흡사합니다. 그 종교인들의 외식은 마땅히 심판받아야 할 것입니다.

---

[8]  박윤선, 『성경주석: 마태복음』, (서울: 영음사, 2016), 40.

## 외식 없는 진정한 믿음의 능력

"너희가 믿고 의심하지 않으면"(21절)

"기도할 때에 믿고 구하는 것은 무엇이든지 다 받을 것이다."(22절)

마태는 또한 외식이 아닌 진정한 믿음과 그 믿음이 가진 능력을 강조합니다. 산을 옮기는 역사, 하나님 나라는 믿고 의심하지 않는 제자들의 기도로 세워질 것입니다.

참고로 로마서에서 바울은 의롭다 인정받는 믿음에 대하여 의심 없는 믿음이라고 정의하고 있습니다.(롬 4:20)

## 적용 및 기도

1) 무화과나무 비유에서 우리가 취해야 할 교훈 역시 신자의 외식입니다. 옛 언약 백성이 외식함으로 심판 받은 것처럼 외식하는 새 언약의 백성들 또한 심판 받게 될 것입니다. 외식 없는 진정한 믿음으로 나아가기를 소원합니다.

2) 하나님 나라의 큰 역사, 산을 옮길 만한 믿음의 큰 일들은 신자의 기도로 가능한 일입니다. 우리에게 필요한 것은 의심 없이 기도하고 하나님의 때를 기다리는 것입니다.

# [21:23~46]
# 내가 주인의 아들이다

## 문맥

대적자들이 하나님의 말씀을 맡아서 그 말씀으로 백성을 가르치는 자리에 앉아 있습니다. 심판을 선포하시기 전, 주님은 그들을 그 권좌에서 끌어내립니다.

이 싸움의 승패는 말씀을 가르치는 자격에 대한 것으로 그의 신분(출신)과 언행(가르침과 삶)이 하나님의 뜻에 얼마나 부합되는지에 달려 있습니다. 예수님은 자신이 창조주 하나님, 이스라엘의 하나님, 성전 주인의 아들임을 드러내십니다. 이것이 "너희가 궁금해하는 나의 신분(무엇)이다"라고 비유로 말씀하십니다.(21:37) 또한 예수님은 누구보다 하나님의 뜻을 밝히 아시고 전 삶으로 살아내신 분이십니다. 때문에 무리는 예수님을 요한과 같은 선지자로 여겼습니다.(21:26, 46)

반면 대적자들은 말씀을 잘 알지 못할 뿐 아니라 말씀에 순종하지 않는 자들입니다. 또한 그들은 주인의 종들과 아들을 죽이는 악한 농부들입니다. 예수님은 군중 앞에서 그들의 권위를 세리와 창녀보다 못한 것으로 비하하십니다.

## "누가 당신에게 이런 권위를 주었소?"

"네가 무슨 권위로 이런 일을 하느냐 또 누가 이 권위를 주었느
냐?"(21:23)

질문의 요지는 "당신이 뭔데? 누가 당신을 보냈기에 우리 허락 없이
백성을 가르치느냐!"라는 의미입니다. 그들은 세상의 왕, 헤롯에게 권
위를 받은 자들입니다.[9]

"요한의 침례가 어디로부터 왔느냐 하늘로부터냐 사람으로부터
냐?"(21:25)

이 짧은 문장 안에 예수님과 그들의 권위의 차이를 드러내십니다.
그들의 출처는 사람이므로 사람들의 이목을 가장 두려워합니다. 그러
나 예수님은 요한과 같이 하나님의 보내심을 받은 자입니다.(21:26, 46)
그들은 요한이 하늘로부터 온 선지자라는 것을 알고도 요한이 전한
아버지의 말씀을 무시한 것입니다.(21:32)

## "그 둘 중의 누가 아버지의 뜻대로 하였느냐?"[두 아들 비유]

이 비유를 하신 목적은 그들이 하나님의 뜻을 따른다고 말하지만,

---

9   류모세, 『역사드라마로 읽는 성경: 신약 2편』, (용산: 두란노 서원, 2013), 162.

실상은 진심으로 아버지의 뜻을 따르지 않는 외식하는 아들들임을 드러내시려는 것입니다.(마 21:28~32) 이것으로 그들은 이스라엘 백성들로부터 권위를 세울 수 없을 것입니다. 주님은 이들을 세리와 창녀보다도 못한 자들로 치부하십니다.(21:31, 32)

## 너희는 하나님의 나라를 빼앗길 것이다 [포도원 비유]

포도원 비유에서, 예수님께서 자신의 권세를 하나님의 아들과 주인의 권세로 드러내십니다. 반면 종교 지도자들은 주인에게 세를 바치지 않는 악한 농부들입니다. 그들이 하나님 나라를 빼앗기고 처참한 죽임을 당하는 이유는 하나님 나라의 열매를 맺지 못하기 때문입니다.(21:41) 그들은 눈먼 가르침과 외식하는 삶으로 천국 문을 굳게 닫고 있는 자들입니다.(23:13)

## 적용 및 기도

1) 옛 언약 백성에 대한 심판의 기준은 말씀을 바르게 아는 것과 바르게 살아가는 여부입니다. 바르게 알지 못하고 행하는 것은 눈먼 인도자로 그들의 인도함을 받는 자까지 지옥으로 끌고 갈 것입니다. 바르게 알지만 행하지 않는 것은 외식입니다. 이 또한 지옥의 심판을 피하지 못할 것입니다.

2) 세상에서 신자의 권위는 하나님의 말씀을 바로 알고 그 말씀대로
   순종하는 것에 달려있습니다.

# [22:1~14절]
# 자격 없는 너희를 심판하겠다

## 문맥

앞의 두 비유를 요약하면 다음과 같습니다.

- 너희는 하나님 말씀에 행함이 없는 외식하는 자들이다.
- 너희는 하나님 나라의 열매 없는 자들로 그 나라를 빼앗길 것이다.

본문은 세 번째로 이 합당한 심판의 이유에 대한 것입니다. 왕을 거역한 자격 없는 자들은 분노의 심판을 받을 것입니다. 그러나 합당한 자격을 갖춘 자들은 왕이 준비한 잔치에 들어가게 될 것입니다.

## 자격 상실의 이유

### 옛언약 백성의 자격 상실

"혼인 잔치는 준비되었으나 청한 사람들은 합당하지 아니하니"
(8절)

이들은 왕의 거듭된 간곡한 초청을 계속 무시하고 현실의 생업에 치중합니다.(5절) 이들 중 어떤 이들은 왕의 종들을 죽이기까지 완악해졌습니다.(6절)

> "왕이 분노하여 자기 군대를 보내어 그 살인자들을 죽이고 그들
> 의 성읍을 불태우고"(7절)

왕의 분노와 심판은 합당하고 의롭습니다. 그들은 하나님 나라 백성의 자격을 상실하였습니다. 왕의 말에 불순종하고 그의 종들을 죽인 그들은 반역자들이기 때문입니다.

### 새언약 백성의 합당한 자격

> "이르되 친구여 어찌하여 예복을 입지 않고 여기 들어왔느냐 하
> 니 그가 아무 말도 못하거늘"(12절)

그 백성들의 불순종으로 자격 없는 자들에게도 왕의 잔치에 초대받을 기회가 생겼습니다. 왕은 그 종들을 세상(사거리)에 보내어 누구라도 초청하여 데려오게 합니다. 많은 사람이 왕이 전한 복음을 듣고 이 잔치에 참여하기 위해 왕 앞에 있습니다. 그런데 그들 중 왕의 예복을 입지 않은 자는 결국 자격을 얻지 못하고 쫓겨나게 되었습니다.

결혼 예복을 입는 것이 이 결혼 잔치를 준비한 왕의 초대에 대한 합당한 자격을 갖추는 것입니다. 이 예복은 예수 그리스도를 의미합니

다. 예복을 입는다는 것은 예수 그리스도를 믿고 그 말씀에 순종하는 것을 의미합니다.

## 초청의 대상

먼저 초대받은 자들은 옛 언약 백성으로 이스라엘 백성들을 의미합니다. 사거리에서 만나는 사람들은 새언약의 백성을 의미합니다. 이제 악한 자나 선한 자나 구별 없이 누구라도 초청의 대상이 되었습니다. 복음은 민족과 혈통 그리고 도덕적 경계를 초월합니다.

선한 자나 악한 자, 아무라도 초청하시는 하나님의 은혜는 이방인이며 마땅히 죽어야 할 죄인인 우리가 구원받고 하나님 나라 백성의 자격을 얻게 된 이유입니다.

## 하나님의 창세 전 예정과 택하심은?

예수님께서 말씀하신 이 비유의 문맥에서 선택의 범위는 태초까지 거슬러 가지 않습니다. 적어도 이 비유에서, 선택을 받는 자들은 왕의 초대에 응하고 그가 준비한 결혼식 예복을 입는 자들을 의미합니다. 예수 그리스도의 도가 전파되고 예수를 믿게 되고 그 말씀대로 순종하는 자들이 선택받은 자들입니다. 이 논리적 순서가 거꾸로 가게 되면 숙명론적인 구원관으로 삐뚤어질 수 있고 구원과 멀어질 위험이 있습니다.

## 적용 및 기도

1) 새언약의 시대에 하나님 나라 백성의 자격을 획득하는 방법은 오직 예수 그리스도의 의의 옷을 입는 것에 달려있습니다. 예수님의 말씀을 지켜 행하는 것(7:24, 28:20), 이것이 왕의 명령에 순종하여 결혼 예복을 입는 것입니다.

2) 옛 언약 백성들이 실패하고 영원한 심판을 받게 된 원인은 왕의 크고 선한 뜻을 알지 못하여 왕의 은혜를 무시하였기 때문입니다. 예수님께서 일차적으로 성경 말씀을 맡은 외식하는 자들에게 심판을 선포하시는 이유입니다. 이 심판의 기준은 지금도 동일합니다. 당신은 성경을 읽고 하나님의 크고 선한 뜻을 발견해야 합니다. 그때야 비로소 진정한 감사의 예배를 올려드릴 수 있을 것입니다. 그분의 말씀에 순종하려 애쓰는 하나님 나라의 백성이 될 것입니다.

# [22:15~40]
# 예수를 넘어뜨려라

## 문맥

악한 농부들의 반격이 시작되었습니다. 권좌를 다투는 싸움입니다. 결국 하나의 태양만이 남게 될 것입니다. 이 싸움에서 하나님의 말씀을 바르게 알고 해석하는지가 중요하지만, 예수님께서 그들에게 도전하시는 것은 말씀에 대한 순종의 삶입니다. 이것으로 심판하십니다.

예수님의 세 번의 비유 공격으로 권세자들의 권위와 체신이 땅에 떨어졌습니다. 그들은 이 상황을 타개하기 위해 어떻게든 예수를 넘어뜨려야 합니다. 그렇지 않으면 그들은 터를 빼앗기고 쫓겨나게 될 것입니다.

## 가이사에게 납세하는 문제에 관한 질문

하나님의 백성이 이방의 왕에게 세금을 내야 하느냐의 문제는 그들의 오랜 딜레마였습니다. 그가 자신을 메시아라고 주장하고 있으니 이방의 왕에게 세금을 바치는 것에 대하여 반대할 것이고 잘만 하면 기고만장한 그를 로마의 반역자로 만들 수 있습니다. 만약 예수께서 로

마에 세금을 내는 것에 찬성한다면 이것 또한 유대인들로부터 미움을
받게 될 것입니다.

"가이사의 것은 가이사에게, 하나님의 것은 하나님께 돌려 드려
라."(22:21)
"그들이 듣고 놀라며 그분을 떠나갔다."(22:22)

예수님의 답변은 그들의 예상을 뛰어넘으면서 동시에 하나님의 법
과 세상의 법을 모두 충족하였습니다. 그들은 놀라며 후퇴할 수밖에
없었습니다.


## 부활에 관한 질문

사두개인들은 영의 존재와 몸의 부활을 믿지 않는 오늘날의 이성주
의자들입니다.(행 23:8) 이 땅에서의 안위와 풍요로움을 추구하는 사두
개파에게 부활과 영생의 문제는 가장 큰 골칫거리입니다.

"그러면 그들 모두가 그 여자를 취하였으니, 부활 때에 그 여자는
일곱 중에 누구의 아내가 되겠습니까?"(22:28 )

사두개인들은 바리새인들과의 부활 논쟁에서 항상 그들의 입을 막았
던 날카로운 질문을 예수님께 던집니다. 그러나 예수님에게 그들의 말
문이 막혔습니다.(22:34) 바리새인들조차 이 소식을 듣고 놀라워합니다.

사람의 영이 불멸한다는 믿음은 부활 교리의 초석입니다. 믿음의 조상들은 그들의 육체가 죽었지만 영(존재)은 죽지 않고 하나님 앞에 계속 살아있습니다. 영을 믿지 않고 모세오경만 고집하는[10] 이성주의자들에게, 예수님은 모세오경의 말씀으로 그들에게 영의 불멸성을 말씀하신 것입니다. 그들의 말문이 막힌 이유입니다.(22:33, 34)

## 어느 계명이 큰지에 관한 질문

이번엔 율법 학자가 나섭니다. 다른 복음서와 달리 마태는 이 서기관과의 대화도 적대적 관계로 그리고 있습니다. 그의 태도는 중립적이었으나 이 행동은 바리새인들을 대표하여 예수를 시험한 행동이라고 할 수 있습니다. 마태는 이 대화에서 갈등적인 면을 강조한 것입니다.

"온 율법과 선지자들이 이 두 계명에 달려있다."(22:40)

종교 지도자들이 심판받는 이유는 이 계명에 외식하는 자들이었기 때문이며, 새언약 백성들도 이 동일한 기준으로 상급과 심판을 받게 될 것입니다.

---

**10** 류모세, 『역사드라마로 읽는 성경: 신약 2편』, (용산: 두란노 서원, 2013), 142.

## 적용 및 기도

1) 오늘날에도 보이는 것들만 믿는 이성주의자들은 6일 창조를 믿지 못합니다. 하나님의 말씀도 능력도 모르기 때문입니다. 당신과 자녀들은 부활과 재림 신앙으로 말세를 살아내기 위해 온전한 창조 신앙을 회복해야 할 것입니다.

2) 하나님을 사랑한다는 것은 온 마음과 뜻과 힘을 다하는 것입니다.(신 6:5) 하나님에 대한 사랑과 이웃사랑이 어제보다 더 큰 오늘이 되길 소원합니다.

# [22:41~23:39]
# 뱀들아, 독사의 자식들아,
# 너희가 어떻게 지옥의 심판을 피하겠느냐?

## 문맥

말씀 해석을 두고 치열한 공방이 오고 갔지만, 예수님은 하나님의 말씀에 대하여 더 권위 있는 가르침으로 그들을 압살했습니다. 그들은 놀랐고 말문을 막혔습니다. 더는 싸울 무기가 없습니다. 설상가상으로 많은 사람들 앞에서 공개적인 모욕을 당합니다.

본문에서 종교 지도자들에게 공개적으로 심판을 선포하시는 예수님의 모습을 볼 수 있습니다.(23:1) 하나님의 분노를 쏟아 내시는 모습은 마치 범접할 수 없는 사자의 포효를 보는 듯합니다. 이제 그들에게 남은 선택지는 축제의 날에 예수를 십자가에 매다는 것뿐입니다. 이것으로 아버지께서 계획하신 구원 계획이 성취될 것입니다.

## 심판의 이유

종교 지도자들을 향한 예수님의 무자비한 심판은 새언약의 백성들에게도 동일하게 적용될 것입니다. 이것이 23장에서 우리가 타산지석으로 삼아야 할 이유입니다.

## 종교 지도자들이 심판받는 이유

1) 신앙과 삶이 분리된 자들입니다.(23:1~4)
2) 하나님보다 사람의 시선을 중요시하는 자들이며 불신앙과 교만함이 있습니다. (23:5~12)
3) 그들의 가르침(언행)으로 천국 문을 닫고 있는 자들입니다.(23:12~ 15)
4) 진리를 분별하지 못하여 백성에게 참 진리를 가르치지 못하는 눈먼 인도자들입니다. (23:16~24)
5) 마음의 회개함 없는 위선자들로 의롭게 보이지만 속으로는 위선과 불법이 가득한 자들입니다.(23:25~28)
6) 마귀(세상)의 가르침을 따르고 가르치는 자들입니다.(마 23:29~33)

## "하루살이는 걸러 내고 낙타는 삼키는도다"(마 23:24)

"맹인 된 인도자여 하루살이는 걸러 내고 낙타는 삼키는도다"(마 23:24)

이 비유의 말씀에서 많은 사람들이 하루살이와 낙타가 무엇을 의미하는지 집중하는 것을 볼 수 있습니다. 그러나 이 비유는 말씀을 가르치는 자들의 무지함과 무능함을 강조하는 표현입니다. '걸러 내다'라는 동사에 집중하면 바른 해석을 할 수 있습니다.

일반적으로 걸러 내는 체의 용도는 작은 것과 큰 것을 나누기 위한 것으로 중요한 것을 중요하지 않은 것으로부터 구별하기 위함입니다. 16~24절까지 문맥에서, '맹인 된 인도자'로 표현된 이들은 율법에서 뭐가 더 중요한지 구별하지 못하는 자들입니다.

그들은 율법에서 강조하는 가장 큰 가치인 '의와 긍휼과 신뢰'(23:23)를 분별해 내고 드러내야 하는 자들입니다. 그들의 눈먼 가르침으로 민중들이 하나님의 나라를 세우는 삶의 열매를 맺지 못하고 세상의 가치를 따라 살아갑니다. 중요하지 않은 것에 삶을 낭비하도록 가르치는 눈먼 인도자들입니다.


## 적용 및 기도

1) 종교인들의 위선은 구원의 길에 큰 걸림입니다. 오늘날 크리스천의 삶을 들여다보면 신앙과 삶의 불일치가 확인됩니다. 세상의 법과 제도가 공적 영역에서 기독교인들의 가치를 제한하기 때문입니다. 세상이 우리에게 부분적 위선을 강요합니다. 문제는 이런 부분적 위선 또한 누군가의 구원의 길에 영향을 주고 걸림으로 작동한다는 것입니다. 나와 관계된 이들을 구원으로 이끌기 위해서는 삶

의 모든 영역에서 주님께서 왕이 되도록 힘써야 할 것입니다.

2) 본문에서 예수님은 바리새인과 사두개인의 누룩, 세상의 가르침
을 따르고 그것으로 백성을 가르치는 자들에게 심판을 선포하십
니다. 오늘날 우리는 하나님의 말씀을 가리키면서 세속적 가르침
을 섞는 자들을 경계해야 합니다.

# 8부

# 하나님의 나라는

옛 언약의 종들에게 지옥의 심판을 선포하신 예수님께, 제자들은 앞으로 이 세상에 되어질 일들에 대하여 두려운 마음으로 조심스럽게 묻습니다. 주님은 앞으로 유대 땅과 이 세상에 있을 지구적 재난과 전쟁 그리고 신자들의 환란에 대하여 말씀하십니다. 이 모든 일들은 새롭고 영원한 나라가 오기 전에 있어야 할 해산의 고통입니다. 25장의 비유들은 새롭고 영원한 하나님 나라에 들어가는 자와 그렇지 못한 자들에 관한 비유들입니다.

# [24장]
# 하나님 나라, 그 해산의 고통과 기쁨

## 문맥

새롭고 영원한 하나님 나라가 도래하기 전, 예수님은 사랑하는 제자들이 앞으로 세상에 임할 재난과 핍박으로부터 그 시간을 견디고 종국에는 그 기쁨에 참여하는 자들이 되길 바라고 계십니다. 예수님 자신 또한 그 기쁨을 바라며 모든 고통을 견디실 것입니다.(히 12:2)

24:8절의 오딘(ὠδίν)이라는 단어는 해산의 고통(진통)을 의미합니다. 때문에 고통을 넘어 기대와 소망을 바라보게 됩니다. 따라서 이 단어가 24~25장의 맥락을 이해하는 핵심입니다. 그러나 한글 성경(개역, 개역개정)은 '재난'이라고 번역하였는데, 이 때문에 새롭고 영원한 하나님 나라의 도래적 측면이 약화되었습니다.

제자들은 지금 두려움에 휩싸여 있습니다. 예수님께서 옛 언약의 악한 종들에게 하신 행동과 진노의 심판(이스라엘, 세상)에 관한 말씀 때문입니다. 제자들은 감람산에 앉아계신 예수님께 은밀히 다가와 묻습니다.

"이 일들이 언제 있을 것입니까? 또한 주님의 오심과 세상 끝의 징조가 무엇입니까?"(24:3)

제자들이 때와 징조에 관하여 묻는 이유는 앞으로 있을 진노의 심판의 날을 안다면 안정을 되찾고 미리 대비할 수 있기 때문일 것입니다. 그러나 예수님께서는 "어느 날에 너희 주가 임할는지 너희가 알지 못함이니라"(24: 42)라고 말씀하십니다. 재림의 때를 알지 못하는 새언약의 제자들은 충성되고 지혜로운 종과 악한 종으로 나뉘게 될 것입니다.

세상 끝날까지 이 세상에는 해산의 고통이 계속 있을 것입니다. 해산의 고통은 단회적이지 않습니다. 시대마다 환란과 고난은 계속 있을 것입니다. 주님은 그 제자들에게 영적으로 깨어 시대를 분별하고 때에 맞는 양식을 나눠주는 충성되고 지혜로운 종이 되라고 권면하십니다.

## 해산의 고통

예수님께서는 두려워하는 제자들에게, 앞으로 있을 전 지구적 사건과 신자들이 당할 고통에 대하여 '해산의 고통'이라고 말씀하심으로 제자들을 안심시키십니다. 해산을 앞둔 산모에게 그 고통에 대한 두려움은 매우 큽니다. 최근엔 산모의 위험과 고통을 경감시켜 줄 의학 기술의 발전으로 그 두려움은 많이 완화되었습니다.

24:22 그 날들을 감하지 아니하면 모든 육체가 구원을 얻지 못할 것이나 그러나 택하신 자들을 위하여 그 날들을 감하시리라

택함 받은 자녀들을 위하시는 아버지의 보살핌이 있습니다. 그날들은 단축되어 그 고통 또한 경감될 것입니다.


## 해산의 기쁨

24:13 그러나 끝까지 견디는 자는 구원을 얻으리라
24:45 충성되고 지혜 있는 종이 되어 주인에게 그 집 사람들을 맡아 때를 따라 양식을 나눠 줄 자가 누구냐
24:46 주인이 올 때에 그 종이 이렇게 하는 것을 보면 그 종이 복이 있으리로다
24:47 내가 진실로 너희에게 이르노니 주인이 그의 모든 소유를 그에게 맡기리라


여기에서 종은 말씀을 들은 제자들을 포함한 새언약의 모든 백성을 말합니다. 하나님 나라의 주인이 오실 때에, 해산의 고통을 겪는 가운데 깨어있지 못하고 세속화된 종들은 그날에 모든 기쁨을 빼앗기게 될 것입니다.(24:48~51) 그러나 시대를 분별하고 그 집 사람들을 돌보아 때를 따라 양식을 나눠주는 충성된 종들은 구원을 얻을 뿐 아니라 새로운 그 나라의 모든 기쁨을 누리게 될 것입니다.

### 예수님의 충고

예수님께서는 정확한 날짜를 말씀하지 않으시지만, 육하원칙대로 충분한 조언을 해주십니다. 해산의 고통, 즉 새롭고 영원한 나라의 도래는 이런 재난에 대한 이유(Why)가 될 것입니다. 주님의 재림이 언제(When), 어떻게(How) 일어날 것인지가 답변의 기조를 이루고 있습니다. 주님은 알지 못하는 시간에(42절), 생각지도 않은 때에(44절), 번개처럼(27절) 오실 것입니다. 그러므로 성도는 세상의 전쟁과 재난 그리고 핍박에 놀랄 필요가 없습니다. 그리스도가 "저기 있다", "여기 있다" 하는 소문에도 흔들릴 필요가 없습니다. 이런 일들은 하나님 나라가 임하기 위한 해산의 고통 중 하나이며 거짓된 소문일 뿐입니다. 그러므로 말세를 만난 오늘날의 성도는 항상 재림을 염두에 두고 살아야 합니다.


### "그 집 사람들을 맡아 때를 따라 양식을 나눠 줄 자"

예수님께서 제자들에게 말씀하신 것을 요약하면 다음과 같습니다.

"앞으로 있을 세상의 환란과 고통 중에, 인자의 재림과 종말이 대부분 깨닫지 못하고 준비하지 못하는 가운데 노아의 때와 같이 갑작스레 임할 것이다. 지혜롭게 시대를 분별하고 하나님의 나라를 신실하게 섬기는 자는 그 나라를 소유하게 될 것이고 만약 주인이 늦을 것이라 여겨 세속에 물든다면 외식하는 자와 같이 영벌을 받게 될 것이다."

예수님께서 24장을 마치시며 제자들에게 권면하신 말씀을 우리는 주의 깊게 살펴보아야 합니다. 45절을 직역하면 "주인이 그의 종들 위에 세워 제때에 그들에게 양식을 나눠주는 신실한 종 곧 지혜로운 (종이) 누구냐?"입니다. "누구냐?"라고 번역한 단어 티스 아라(Τίς ἄρα)는 복음서에만 7번 등장하는데 강조표현입니다.(마 18:1, 19:25, 막 4:41, 눅 8:25, 12:42, 22:23)

예수님께서 이 모든 말씀을 하시는 목적은 제자들을 신실한 하나님 나라의 일꾼으로 세우고자 권면하시는 것입니다. 25장 비유의 말씀들은 그 연장선입니다.


### 적용 및 기도

1) 세상에 있을 환란과 신자의 고난에 대한 말씀은 큰 두려움이지만 새롭고 영원한 나라가 임하기 전에 있어야 할 해산의 고통입니다. 이것이 성도의 가장 큰 위로입니다. 성도는 고통 가운데 비참한 생을 마감하고 잊혀지는 존재가 아닙니다. 그것과 비교할 수 없는 큰 기쁨과 보상이 기다리고 있습니다. 끝까지 견디는 자는 구원을 받을 뿐만 아니라 주님의 재림 시에 주인의 모든 소유를 향유하게 될 것입니다.

2) 이 종말의 때에 성도는 오늘 주님께서 갑자기 오실 수 있다는 자세로 살아야 합니다. 오늘 마음과 뜻과 온 힘을 다하여 하나님을

사랑해야 하고 이웃을 내 몸처럼 사랑해야 합니다. 오늘이라는 시간 동안 사랑으로 충만해지길 소원합니다.

3) 세상 끝날까지 의인들과 구분되는 종교인들이 있을 것입니다. 주님은 모든 시대의 제자들에게 신실하고 지혜로운 종이 되라고 강조하며 권면하십니다. 우리는 각자의 위치에서 시대를 분별하며 세속에 물들지 않고 하나님의 말씀으로 주님의 교회를 세워가는 주의 일꾼이 되어야 할 것입니다.

# [24:45~25장_1부]
# 마지막 천국 비유 1

## 문맥

마 24장에서 예수님은 자신의 재림의 때, 즉 온 우주적인 마지막 심판 날에 대해 말씀을 하십니다. 그날에 모든 인류의 최종적 위치(영생과 영벌)가 결정될 것입니다.

예수님은 마지막으로 하나님 나라에 대한 비밀을 비유로 말씀하십니다. 특별히 믿는다는 자들의 심판 내용이 주를 이루고 있습니다. 이 비유들의 바르지 못한 해석은 두려움이지만 바른 해석은 평안입니다.

## 심판의 대상

심판의 대상은 모든 민족(24:30)이며, 창조 이래 존재했던 모든 인간들에 대한 것입니다.(25:30) 신자든 불신자든 지구상에 존재한 모든 사람은 심판을 받게 될 것입니다.

## 신자들의 심판(마 24:45~25:46)

예수님의 마지막 천국 비유에서 주목해야 할 부분이 신자들의 심판에 관한 내용입니다. 이 비유들에 대한 여러 가지 사변적인 이해로 폐해 또한 적지 않습니다. 우리는 하나님께서 마태를 통하여 기록하신 의도를 올바로 이해해야 합니다. 엄밀히 말하면 신자라는 자들의 경고와 심판의 말씀입니다.

이들은 모두 외형적으로 새언약의 일꾼들입니다. 21~23장에서 예수님은 옛 언약의 일꾼들에게 심판을 선포하셨습니다. 여기에서 그들의 외식함, 하나님과 말씀에 대한 곡해, 긍휼 없는 삶, 하나님 나라에 열매를 맺지 못하는 삶 등이 심판의 이유였습니다. 새언약의 일꾼들에 대한 하나님의 심판하심도 동일합니다.

## 교회를 무너뜨리는 과도한 비유 해석들

### 지엽적인 단어에 의미를 두거나 문맥을 떠난 해석들

- 미련한 다섯 처녀가 사러 간 기름은 무엇인가?
- 기름을 파는 자들은 누구고 무엇을 파는가?
- 달란트를 일반적인 재능이나 능력으로 간주하는 해석

문맥적 바른 이해) 열 처녀 비유의 목적은 예상치 못한, 급작스러운 종말의 때를 준비하고 있으라는 것입니다. 횃불(등불)과 기름은 앞에서 언급된 외식에 대한 경고의 말씀입니다. 따라서 기름은 진짜 신자와 가짜 신자를 구분 짓는, 가짜 신자에게 없는 것이라고 할 수 있습니다. 복음서에서 예수님의 일관된 권면은 말씀을 듣고 행하는 자가 되라는 것입니다.

### 지나친 예정론적 해석

- 양과 염소는 태어날 때부터 정해진 것이다.
- 믿는 형제에게만 선을 행하는 것을 강조하는 해석

문맥적 바른 이해) 마태는 사람의 운명이 태어날 때부터 정해져 있다는 의미를 전달하지 않습니다. 본문에서 심판의 기준은 형제들 중에서 작은 자에게 베푼 선의이지 하나님의 예정에 관한 것이 아닙니다. 또한 정통 개혁주의에서 하나님의 예정은 사람이 가늠할 수 없는 영역으로 간주합니다. 우리는 다른 사람의 구원 여부를 알 수 없고 그 때문에 우리의 선행의 대상은 모든 이들을 위한 것일 수밖에 없습니다.

**교회를 세우는 바른 해석:**

**하나님 나라 관점과 문맥적 강조점 분석; "외식(위선)과 신자의 바른 삶에 대한 비유"**

최종적 하나님의 나라는 사람이 예측할 수 없는 상황에서 갑자기 임할 것입니다. 따라서 신자는 하나님의 나라를 항상 준비하고 깨어있어야 합니다.

두 부류의 종과 열 처녀 비유의 강조점은 신자의 외식입니다.

따라서 준비하고 깨어있어야 한다는 의미 또한 외식(위선)이라는 단어와 연관 지어 해석하는 게 자연스럽습니다. 악한 종은 주인이 늦을 것으로 생각하고 세상의 가치를 추구하며 유흥을 즐기고 있습니다. 미련한 다섯 처녀는 횃불(등불)은 가졌으나 어둠을 밝힐 기름은 준비하고 있지 않은 자들입니다. 둘의 공통점은 모양은 있으나 빈 껍데기뿐이며 삶의 우선순위가 하나님 나라가 아닙니다. 위에서 기름은 진짜 신자와 가짜 신자를 구분 짓는 것, 말씀을 행하는 것이라 정의하였습니다. 어두운 세상에 삶으로 말씀의 빛을 비추는 것, 이것이 미련한 다섯 처녀가 준비하지 못한 기름입니다.

말씀 앞에서 외식함이 없는 신자들이 깨어 준비하는 자들입니다. 이들은 세상의 가치나 유흥에 빠지지 않고 하나님 나라의 열매를 계속해서 거두는 삶을 살고 있습니다.

달란트 비유와 양과 염소 비유에서 강조하는 것은 신자의 바른 삶입니다. 두 비유 모두 하나님 나라를 위한, 하나님 나라를 섬기는 삶과 관련지으면 자연스럽습니다.

아래는 마지막 천국 비유들을 분석한 표입니다.

**천국 비유들의 분석표**

| 대상 | 비유 | 구분 | 특징 | 재림의 때 | 강조점 | |
|---|---|---|---|---|---|---|
| **예수님의 마지막 천국 비유(마 24:40~25:46)** | | | | | | |
| 온 인류 | 데려감을 받는 자와 남겨지는 자 (24:40~44) | 데려감을 받는 자 | 평범한 사람들의 모습 | 하나님의나라로 데려감을 받음(24:31) | 깨어 있으라 (24:42), 준비하고 있으라(24:44) | |
| | | 남겨지는 자 | | 지상에 남겨짐, 독수리의 먹이가 됨 (24:28) | | |
| 새언약의 일꾼들 | 충성되고 지혜로운 종과 악한 종 비유 (24:45~51) | 신실하고 지혜로운 종 | 그 집 사람들을 맡아 때를 따라 양식을 나눠 주는 자 | 주인에게 복을 받음 | 생각하지 않은 날 알지 못하는 시각에 그 종의 주인이 이르러(24:50) | 신자의 외식 |
| | | 악한 종 | 주인이 늦을 것으로 생각하고 세상에 우선순위가 있음 | 외식하는 자가 받는 벌을 받음(영벌) | | |
| | 열 처녀 비유 (25:1~13) | 지혜로운 다섯 | 햇불과 기름을 준비함 | 혼인잔치에 들어감 | 그런즉 깨어 있으라 너희는 그 날과 그 때를 알지 못하느니라(25:13) | 하나님 나라를 위한 삶 |
| | | 미련한 다섯 | 햇불을 준비하나 기름을 준비하지 못함 | 혼인잔치에 못 들어감 | | |
| | 달란트 비유 (25:14~30) | 착하고 충성된 종 | 받은 달란트로 장사함 | 상급을 받고 주인의 즐거움에 참여함 | 하나님의 나라의 열매는 씨앗을 뿌리고 추수하는 수고가 따른다 (25:24, 26) | |
| | | 악하고 게으른 종 | 달란트를 묻어둠, 하나님과 그분의 나라에 대한 오해가 있음 | 하나님의 나라 밖으로 쫓겨나고 슬피 움 | | |
| | 양과 염소 비유 (25:31~46) | 양 | 형제에게 긍휼을 베품 | 창세로부터 예비된 나라를 상속, 영생 (25:34) | 내 형제 중에 지극히 작은 자 하나에게 한 것이 곧 내게 한 것이니라(이웃 사랑) | |
| | | 염소 | 형제에게 긍휼을 베풀지 않음 | 영벌에 처함(25:41) | | |

# [24:45~25장_2부]
# 마지막 천국 비유 2: 신자의 삶

## 악한 종들은 누구를 말하는가?

24:45~25:46의 비유들은 외적으로 교회 공동체에 속한 자들에 대한 심판입니다. 양과 염소의 비유에서 사용되고 강조되는 단어들은 이들의 정체를 밝힐 수 있는 힌트입니다.

> 25:37 ~ 주여 우리가 어느 때에 주께서 주리신 것을 보고 음식을 대접하였으며 목마르신 것을 보고 마시게 하였나이까
>
> 25:44 그들도 대답하여 이르되 주여 우리가 어느 때에 주께서 주리신 것이나 ~ 중략 ~ 옥에 갇히신 것을 보고 공양하지 아니하더이까

먼저 '대접하다'로 번역된 동사(트레포)는 먹이다, 양육하다, 생계를 돌보다, 기르다, 가르치다는 뜻의 단어입니다. 그리고 '공양하다'로 번역된 동사(디아코네오)는 시중들다, 섬기다는 의미가 있습니다.(바우어 헬라어 사전)

이들의 특징을 정리하면, 악한 종들은 적당히 자기만족을 하는 종교

인들이라 할 수 있습니다. 이들은 교회 공동체 안에 속하였지만 진정한 겸손과 희생의 섬김이 없는 자들이며 하나님 나라를 위한 삶이 없는 자들입니다. 이들의 이런 삶에는 그럴만한 이유가 있습니다. 아래 내용은 그것에 관한 내용입니다.

### 왜 악한 종들이 되었는가?

결론적으로 이들은 바리새인과 사두개인의 가르침에 영향을 받아 전염되고 그런 길을 따르게 되었기 때문입니다.(마 16장)

**두 부류의 종 비유(24:45~51): 사두개인의 누룩(가르침)에 대한 경계의 말씀**

24:48 만일 그 악한 종이 마음에 생각하기를 주인이 더디 오리라
        하여
24:49 동료들을 때리며 술친구들과 더불어 먹고 마시게 되면

두 부류의 종 비유에서 악한 종은 신학적으로 자유주의적이며 현세주의적인, 즉 사두개인들의 성경관과 유사한 것을 알 수 있습니다. 하나님의 말씀을 임의로 해석하기 때문에 주님의 재림에 대하여 확신을 갖지 못하고 하나님 나라에 대적하거나 무관한 삶을 살아갑니다.

동료 종들을 때린다는 표현은 당시 종교 지도자들이 진정한 하나님의 종들(세례요한과 예수님 자신)에게 행했던 일이기도 합니다. 이들의

후예들은 오늘날에도 동료를 향한 긍휼의 마음보다는 정죄하는 자세를 드러냅니다. 공동체 안에서 신학적 또는 정치적 입장이 대립할 때, 그들의 칼의 방향이 어디를 향하는지를 보면 그들의 소속을 알 수 있습니다.

### 달란트 비유(25:14~30): 바리새인의 누룩(가르침)에 대한 경계의 말씀

> 25:24 한 달란트 받았던 자는 와서 이르되 주인이여 당신은 굳은 사람이라 심지 않은 데서 거두고 헤치지 않은 데서 모으는 줄을 내가 알았으므로
> 25:25 두려워하여 나가서 당신의 달란트를 땅에 감추어 두었었나 이다 보소서 당신의 것을 가지셨나이다

달란트 비유에서 이들은 주님을 엄한 분으로 알고 달란트를 감추어 두었다고 말합니다. 엄한 분이라고 표현한 것은 이들이 하나님의 은혜보다 말씀의 행위 준수 여부를 중요시했다는 의미입니다. 이러한 오류는 많은 기독인들이 구약성경에서 하나님의 은혜와 사랑보다 율법 준수에 엄격하신 하나님으로 오해하는 것과 유사합니다. 바리새인들과 같이 율법주의에 빠진 자들은 하나님의 은혜를 흘려보내는 삶과는 거리가 있습니다.

또한 '심지 않은 데서 거두시고 뿌리지 않은 데서 모으시는 줄 알았으므로'라는 이 표현은 하나님의 나라와 구원받는 사람에 대하여 결정론적이며 운명론적인 신학관을 가지고 있음을 나타냅니다. 당시 바

리새인들의 혈통적, 민족주의적인 구원관을 반영하는 말씀이라고 볼 수 있습니다. 이들은 유대주의에 갇혀 있었고 이방인들에게도 구원이 있다고 여기지 않았습니다.

하나님께서 구원받을 자를 미리 정해놓으셨기 때문에 자신의 노력은 무의미하다고 여기는 사상, 이것은 오늘날에도 여전히 하나님의 나라에 큰 걸림이 되고 있습니다. 이러한 구원관은 종교개혁 이후 칼빈의 예정론을 잘못 이해한 신학자들로 인해 교회 안에 뿌리를 내리게 되었습니다. 따라서 이러한 오류는 오늘날 정통 보수 교단에 속한 자들에게서 적지 않게 찾아볼 수 있습니다.


## 악한 종들에게 내려지는 형벌

24:39 홍수가 와서 그들을 다 쓸어 버릴 때까지 그들은 알지 못하였으니, 인자가 오는 것도 그러할 것이다.

24:51 그를 심하게 때리고 위선자들이 받는 벌을 내릴 것이니, 그가 거기에서 통곡하며 이를 갈 것이다.

25:30 저 무익한 종을 바깥 어두운 곳으로 내쫓아라. 거기에서 통곡하며 이를 갈 것이다.

25:46 그들은 영원한 형벌에 들어갈 것이며, 의로운 자들은 영원한 생명에 들어갈 것이다.

본문의 문맥은 하나의 일관되고 영원한 심판을 묘사하는 다른 표현들입니다. 이것은 노아의 가족 이외의 사람들에게 내려졌던 형벌이고 위선자들이 받는 형벌(지옥의 심판; 마 23:23)이며 영원한 형벌입니다. 따라서 이들은 하나님 나라 바깥 어두운 곳에 쫓겨나 통곡하며 이를 갈게 될 것입니다. 여기에 로마 가톨릭이 주장하는 연옥, 즉 일시적인 형벌과 같은 개념은 없습니다.

## 세상의 가르침 뒤에 사탄의 전략

옛 언약의 종들을 타락시킨 이 시대의 가르침은 또한 새언약의 종들을 타락시킬 것입니다. 이 악한 종들은 이 누룩에 전염된 자들로 그 길을 걸으며 그 가치를 추구하는 자들입니다. 이들은 신학자이며 교회 지도자이고 일반 성도이기도 합니다. 이들은 모두 하나님 나라를 섬기라고 부르심을 받았고 크든지 작든지 간에 달란트를 받은 자들이며 천국 잔치에 초대를 받은 열 처녀와 같은 자들입니다.

책 〈Aleady gone〉의 저자 켄 햄은 오늘날 벌어지고 있는 서구 기독교의 몰락에 대하여 핵심 원인을 잘 드러내었습니다. 그의 책에 따르면 하나님 말씀의 권위를 공격하는 것, 이것이 사탄이 기독교 공동체를 무너뜨리는 핵심 전략입니다. 사탄은 에덴에서 인간의 이성을 하나님의 말씀보다 가치판단의 최고 권위로 만들었습니다. 오늘날 가장 큰 사탄의 역사도 이 관점으로 이해할 필요가 있습니다.

진화론의 등장 이후, 160여년 동안 우리의 삶 모든 영역(학문, 문화)에서 과학적이고 합리적인 이성주의가 하나님 말씀의 권위보다 우위를 점령하고 있습니다. 창세기 말씀이 사실이 아닌 신화적 이야기로 치부되면서 하나님 말씀의 권위는 급속도로 곤두박질치게 되었습니다.

이제 기독 공동체는 두 그룹으로 나눌 수 있습니다. 하나님 말씀을 삶의 가장 큰 권위와 가치로 여기는 소수의 크리스천들과 하나님 말씀을 합리적 이성 아래에 두는 다수의 크리스천들입니다.

이 두 번째 그룹에 지옥에 가는 기독교인들이 많이 있을 것입니다. 이들은 하나님의 말씀을 최고의 권위로 받지 않기 때문에 종교적 위선이 나타나며 그 자녀들도 적당히 위선적인 종교인들이 되는 것입니다. 이들의 모습에서는 하나님 나라에 대한 섬김의 삶이 드러나지 않습니다. 자기만족을 위한 적당한 봉사와 헌금 정도만 있을 것입니다.


**적용 및 기도**

예수님의 말씀처럼 악한 종들은 지옥의 영원한 형벌을 받게 될 것입니다. 우리는 이들이 지옥에 내려가는 것을 그냥 쳐다만 보고 있을 수는 없습니다. 한 마리 길 잃은 어린 양을 찾으시는 예수님처럼, 구원에 걸림이 되는 것들을 제거해야 합니다.

1) 위선 없는 신앙생활을 지향해야 합니다. 하나님 말씀의 권위가 드러나는 삶, 이것이 이들을 다시 하나님께로 인도하게 될 것입니다.

2) 그들에게 진정한 복음의 진리를 깨닫도록 해주어야 합니다. 오늘날 진화론과 유신 진화론으로 왜곡된 창조신앙을 바로잡아 주어야 합니다. 창세기 기록과 같이 6일 창조를 믿지 못하는 자는 재림의 날, 곧 모든 것을 심판하시고 만물이 새롭게 되는 재창조의 날을 믿지 못할 것이기 때문입니다.(계 21:5)

# [24:45~25장_3부]
# 마지막 천국 비유 3: 열 처녀 비유

## 문맥

지난 마지막 천국 비유 1, 2편에서 깊게 다루지 못한 열 처녀 비유를 자세히 살펴보았습니다.

이번 글의 주제는 "미련한 다섯 처녀는 누구인가?", "미련한 다섯 처녀가 놓친 것은 무엇인가?"에 대한 것입니다. 우리는 이들의 실패를 타산지석으로 삼아 우리와 관계된 이들을 구원으로 이끌어야 할 것입니다.

이 질문에 답하기 위해서는 마태복음 전체 문맥을 살펴야 하고 특별히 14~15장 문맥의 흐름을 따라야 바른 해석이 될 것입니다.

### 미련한 다섯 처녀는 누구인가?

"그 후에 남은 처녀들이 와서 이르되 주여 주여 우리에게 열어 주소서"(11절)

**이들은 "주여 주여" 하는 자들입니다.**

이들에 대한 자세한 설명은 산상수훈에서 찾아볼 수 있습니다. (7:21~22절) 이들은 마지막 날에 "주여 주여" 하며 주님의 이름을 부르며 천국 문을 열어달라고 할 것입니다. 자신에게 천국 문이 닫혀 있다는 사실이 믿기지 않습니다. 그동안 주님의 이름으로 선지자 노릇하며, 많은 권능을 행하였기 때문에 하나님의 나라에 큰 일을 하고 있다고, 자신은 당연히 천국에 들어갈 자격이 있다고 생각하며 사는 자들이었습니다.

산상수훈의 문맥상 이들은 거짓 선지자들이며 그들의 영향을 받은 종교인들로 그 가르침을 쫓는 사람들입니다.(마 7:15) 한마디로 이들은 외식하는 사람들입니다. 아버지의 뜻대로 행하지 않고 자신의 뜻대로 살았던 자들입니다.

**이들은 깨어 있지 못한 종교인들입니다.**

> 24:42 그러므로 깨어 있으라 어느 날에 너희 주가 임할는지 너희가 알지 못함이니라
> 24:44 이러므로 너희도 준비하고 있으라 생각하지 않은 때에 인자가 오리라

마태복음 24장은 십자가를 앞두고 제자들에게 하신 말씀입니다. 마지막 재림의 때에 구원받는 제자가 있고 그렇지 못한 제자들이 있습

니다. (신자는 모두 제자라고 할 수 있습니다.)

이 부분에서 예수님께서 가장 강조하시는 말씀이 "깨어 있으라" (24:42, 25:13), "준비하고 있으라"(24:44)라는 말씀입니다. 이들이 깨어 있지 못한 이유는 마음에 주인이 더디 오리라고 생각했기 때문입니다.(24:48)

주인의 오심을 기다리는 것이 아니라 자신과 생각이 다른 동료들을 핍박합니다. 세상의 술친구들과 어울리며 세상의 것을 추구합니다.(24:49) 삶의 우선순위는 세상의 즐거움이기 때문에 그들에게 주어진 시간은 세상 것을 추구하는 데 다 써버립니다. 그들에게는 늘 기름을 살 시간이 부족합니다. 결국 신랑이 오기까지 기름을 준비하지 못하여 그가 온다는 소식이 당혹스럽기만 합니다.

## 미련한 다섯 처녀들이 준비하지 못한 기름은?

기름에 대한 해석이 분분합니다. 앞의 글에서 '말씀대로 행하는 믿음'이라고 정의하였습니다. 이들은 평소에 기름을 준비하지 않은 사람들입니다. 즉 평소에 예수님의 말씀대로 삶을 살아내는 것을 삶의 최고 우선순위로 여기지 않은 종교인들입니다. 예수님의 말씀을 일상의 삶에서 살아내는 것, 이것이 빛을 발하는 것이며 기름을 준비하는 것입니다.

## 미련한 다섯 처녀들이 사러간 기름은?

어떤 사람들이 이 기름의 정체를 밝히려고 하지만 이 비유에서 논점을 벗어난 지나친 해석으로 나아갈 수 있습니다. 비유의 논점은 미련한 다섯 처녀들이 낮에(평소에) 준비하지 않고 있었다는 것과 하나님의 말씀을 최고의 가치로 여기지 않고 있었다는 것입니다.

## 기름을 준비하는 것, 일상에서 말씀대로 산다는 것의 의미는?

산상수훈에서 말씀하신, 예수님의 명령들을 실천하는 것입니다. 관련하여 마태는 24장에서 예수님의 두 가지 비유를 기록해 두었습니다.(달란트 비유, 양과 염소 비유)

### 달란트 비유의 의미

주인이 종들에게 달란트를 재능대로 나눠주었습니다. 종들은 재능대로 장사를 하고 달란트를 남겨야 합니다. 이 달란트는 단순히 돈이나 재능을 의미하는 것이 아닙니다. 모든 인생은 하나님께서 맡기신 달란트라고 보아야 합니다. 생명, 시간, 재물, 그 모든 것에 우리는 단지 청지기일 뿐입니다.

당신의 달란트는 하나님 나라를 위해 지금 투자되어야 합니다. 나중에 시간 있을 때 하겠다고 미뤘던 자들이 미련한 다섯 처녀이며, 한 달란트 받은 악하고 게으른 종이었습니다. 이들은 하나님 나라를 위한 삶이 뒷전이었던 것입니다.

## 양과 염소 비유의 의미

> 25:40 임금이 대답하여 이르시되 내가 진실로 너희에게 이르노니 너희가 여기 내 형제 중에 지극히 작은 자 하나에게 한 것이 곧 내게 한 것이니라 하시고
> 25:45 이에 임금이 대답하여 이르시되 내가 진실로 너희에게 이르노니 이 지극히 작은 자 하나에게 하지 아니한 것이 곧 내게 하지 아니한 것이니라 하시리니

### "여기 내 형제 중에 지극히 작은 자 하나에게 한 것"

마지막 날에 칭찬받는 자들은 평소 자신에게 있는 달란트(시간, 재물)로 어려움을 당하는 이웃, 사회적 약자들에게 하나님의 사랑을 흘려보내는 삶을 살았습니다. 그들의 삶으로 하나님 나라는 세워져 갔으며 믿는 자들이 늘어났습니다. 우리가 흘려보내야 할 긍휼과 섬김의 대상은 세상 모든 민족, 모든 죄인들입니다. 어두움을 밝히는 빛은 장소와 사물을 가리지 않기 때문입니다.

> 25:42 내가 주릴 때에 너희가 먹을 것을 주지 아니하였고 목마를 때에 마시게 하지 아니하였고
> 25:43 나그네 되었을 때에 영접하지 아니하였고 헐벗었을 때에

옷 입히지 아니하였고 병들었을 때와 옥에 갇혔을 때에 돌
보지 아니하였느니라 하시니

반면, 마지막 날에 정죄 받고 영벌에 들어가는 자들은 하나님의 사
랑을 이웃에게 흘려보내는 삶이 없던 사람들입니다. 자신에게 주어진
달란트를 타인을 위해 쓰는 것에 인색합니다. 이런 삶은 하나님 나라
의 덕을 세우지 못하고 유익을 주지 못합니다. 주님께서 보시기에 아
무런 남김이 없는 자들입니다.

종합하면;

기름을 준비한다는 것은 '평상시 하나님의 나라를 위한 삶을 사는
것'을 의미합니다. 주일에 교회 예배를 빠지지 않는 것, 십일조를 철저
히 드리는 것으로 당신의 구원이 담보되지 않습니다. 당신은 영원한
하나님 나라를 세우고 확장하는 것을 최고의 가치로 여기고 당신의
달란트(시간과 재물)를 투자(장사)하는 신자여야 합니다.

> "그 때에 임금이 그 오른편에 있는 자들에게 이르시되 내 아버지
> 께 복 받을 자들이여 나아와 창세로부터 너희를 위하여 예비된
> 나라를 상속받으라"(마 25:34)

그런 당신을 위해 새롭고 영원한 나라가 예비되어 있습니다. 당신은
그 나라를 상속받게 될 것입니다.

# 9부

# 모든 민족을,
# 세상 끝날까지

모든 민족을 하나님 나라의 백성으로 초대하시려는 그분의 계획을 두고 예수님은 끝까지 헌신하십니다. 대적자들은 마지막 십자가 위에서까지 그분의 계획을 무너뜨리려 합니다. 부활이 거짓이라는 그들의 거짓된 가르침은 오늘날에도 복음 전도를 방해합니다. 끝까지 순종하심으로 하늘과 땅의 모든 권세를 얻으신 예수님은, 십자가 부활을 경험하고 당신을 하나님의 아들이라 확신한, 제자들을 열방으로 보내십니다. 말씀을 지켜 행하는, 제자를 세우는 사역을 통해 모든 민족이 주께 돌아올 것입니다. 세상 끝날까지 만왕의 왕께서 함께하십니다.

# [26장]
# 십자가 앞에서, 헌신과 배신 그리고 좌절

## 문맥

마태는 계속해서 유월절 희생제물이 되시려는 예수님의 의도를 중심으로 이야기를 이어갑니다.(26:1~5) 주님은 아버지께서 원하시는 그 일의 완성을 위해 모든 노력을 기울이십니다.

두 번째로 마태는 십자가를 마주하는 사람들의 밑바닥을 드러냅니다. 세상 권력의 최고 통치 수단인 십자가, 이 임박한 죽음의 형틀 앞에서 죽기를 각오한 자, 헌신하는 자, 의리를 지키고자 하는 자, 한목숨 지키려는 자들의 모습들을 그리고 있습니다.

## 죽기를 각오한 자: 예수

예수님은 자신의 사명을 누구보다 잘 알고 계셨습니다. 그분의 가장 큰 가치는 아버지의 뜻을 이루는 것입니다.(26:53, 54) 이 십자가를 두고 주님께서도 계속 피할 길을 간구하셨지만, 아버지의 뜻은 자신이 십자가를 지고 죄인들을 위해 대신 죽는 것입니다. 주님은 아버지의 뜻을 알고 이제 그 완성을 향해 묵묵히 나아가십니다.


## 헌신하는 자: 베다니 마리아

> 눅 10:42 몇 가지만 하든지 혹은 한 가지만이라도 족하니라 마리
> 아는 이 좋은 편을 택하였으니 빼앗기지 아니하리라 하
> 시니라

어느 때부턴가(나사로 사건 이후?) 마리아는 예수님 곁에 있으면서 가장 가치 있는 것을 택할 줄 아는 지혜로운 여인이 되었습니다. 예수님께서 사역의 마지막을 베다니 시몬의 집에서 보내십니다. 이때 마리아는 이 땅에서의 모든 소망을 포기할 만큼 더 가치 있는 것을 발견하였고 그것을 선택하였습니다.

> 26:8 제자들이 보고 분개하여 이르되 무슨 의도로 이것을 허비
> 하느냐

마리아의 이 행동은 예수님 외에는 그 가치를 아는 이가 없었습니다. 제자들은 아직 예수님의 대속적 죽음의 의미를 깨닫지 못했기 때문이며 그중엔 이 세상의 영광만을 추구하는 제자도 있었습니다.

신자가 세상의 소망을 내려놓고 하나님의 나라를 위해 물질과 시간을 헌신하기 위해서는 그 참되고 영원한 가치를 알아볼 수 있는 안목

이 필요합니다. 이것을 영적 각성이라고 합니다. 다른 말로 영적으로 깨어있다고도 합니다. 베다니 마리아는 영적으로 깨어있었고 주님의 구속사적 성취를 위해 자신의 시간과 물질을 드려 그것을 준비한 것입니다.


## 의리를 지키려는 자들

> 26:33 베드로가 대답하여 이르되 모두 주를 버릴지라도 나는 결코 버리지 않겠나이다
> 26:35 베드로가 이르되 내가 주와 함께 죽을지언정 주를 부인하지 않겠나이다 하고 모든 제자도 그와 같이 말하니라
> 26:75 이에 베드로가 예수의 말씀에 닭 울기 전에 네가 세 번 나를 부인하리라 하심이 생각나서 밖에 나가서 심히 통곡하니라

예수님의 제자들은 십자가를 목전에 두고 주님을 버리거나 부인하지 않겠다고 굳은 다짐을 하였지만 끝내 좌절을 경험하였습니다. 제자들은 흩어졌습니다. 수제자 베드로는 의리를 지키기 위해 주님을 따라갔지만, 끝끝내 부인하고 통곡할 수밖에 없었습니다.

십자가라는 절대 권력 앞에서 인간성의 나약함이 드러납니다. 이들은 전에 주님을 그리스도와 하나님의 아들로 인정하는 믿음을 고백했지만(16:16), 마지막 관문을 넘어서지 못합니다. 영생에 대한 확신이 없

었기 때문일 것입니다. 훗날 그들은 부활의 주님을 만난 이후에야 비로소 이 죽음의 공포를 극복할 수 있게 됩니다.


## 한목숨 지키려는 자들; 종교 지도자들, 가룟 유다

### 종교 지도자들

종교 지도자들에게 자신들의 권위와 명예는 곧 생명과 같습니다. 예수님은 예루살렘에 입성하셔서 이들을 모세의 자리에서 끌어내리셨고 그들의 명예 또한 짓밟으셨습니다. 그들은 자신들이 살기 위해 예수를 십자가로 죽여야 했던 것입니다.

### 가룟 유다

가룟 유다 역시 자신의 목숨을 보존하기 위하여 예수를 판 것으로 해석할 수 있습니다. 그는 12제자 중 한 사람이었지만 영적인 하나님 나라의 가치를 발견하지 못하고 자신의 안위와 영광을 우선시하였던 사람입니다.

마태복음으로 유추해 보면, 유다가 예수를 배반하려는 생각은 아마도 가이사랴 빌립보 사건과 관련 있을 것입니다. 그는 하나님의 일을 생각하지 않고 사람의 일을 생각하는 자였습니다.(16:23)

두 번째는 예루살렘에 입성하신 이후에 예수를 배반하려고 하였을 것입니다. 예루살렘에서 예수님은 스스로를 죽음으로 내모는 극히 위험한 언행들을 하였고, 이에 유다는 자신도 십자가에 달릴 수 있다는 위기감을 느꼈을 것입니다. 예수님 편에서 끝까지 의리를 지키며 죽음을 맞이할 것인지 아니면 자신만이라도 구원 얻을 방법을 모색해야만 했습니다. 그는 결국 자신의 스승을 팔고 자신만이라도 구원을 얻을 수 있는 인간적인 판단과 선택을 하였습니다.

이들의 공통점은 메시아를 눈앞에 두고도 그분을 알아보지 못한 영적인 맹인들이라는 것입니다. 다른 말로 이 땅의 영광만을 추구하는 세속적 종교인들입니다. 이 율법주의와 현세주의는 오늘날에도 하나님 나라와 대척 관계입니다.


## 적용 및 기도

1) 성도의 고난: 성도는 고난을 자처합니다. 예수님처럼 성경 말씀의 가치를 지키는 것이 삶의 첫 번째 우선순위이기 때문입니다. 베다니 마리아처럼 더 나은 것을 선택하는 안목과 지혜가 있다면 성도는 고난을 각오하며 더 큰 옥합을 깨뜨리고 더 큰 헌신으로 나아갈 것입니다. 하나님 나라의 진정한 가치를 깨닫는 자들이 이 땅에 계속해서 생겨나길 소원합니다.

2) 세속에 물들지 말라: 세속에 물든 종교인들이 예수를 팔고 십자

가에 못 박은 것입니다. 종교인들이 세속화되는 것, 오늘날 자유주의 신학과 유신 진화론을 인정하는 신학이 이것을 가속하는 것을 목도합니다. 사탄이 이 세상 나라의 영광으로 신자들을 미혹할 수 있는 것은 세상의 철학과 사상을 이미 자기 것으로 만들었기 때문입니다. 눈을 가리우고 잠들게 하는 신학으로부터 당신은 깨어나야 할 것입니다. 시험에 들지 않도록 깨어서 기도하십시오.

3) 오직 그리스도: 제자들의 행동에서 우리는 인간적 의지와 결단으로 그리스도를 따라 십자가를 질 수 없다는 것을 깨닫게 됩니다. 인간 역사에서 오직 하나님의 아들, 독생자 예수 그리스도만이 그 일을 하셨습니다. 새언약의 백성들 또한 그리스도의 죽음과 부활 그리고 그 영광에 대한 확신이 있어야 자기 십자가를 메고 고난의 길을 걸어갈 수 있습니다. 이렇게 확신하는 믿음을 소유하고 누리는 이 땅의 진정한 그리스도인들이 늘어나길 소원합니다.

# [27장]
# 마지막 순간까지

## 문맥

27장에서는 하나님의 구원의 경륜을 완성하려는 자와 그 계획을 무너뜨리려는 자들의 대결이 법정에서부터 십자가 그 죽음의 순간까지 계속됩니다.

대적자들은 하나님의 구원 계획을 무너뜨리기 위해 끝까지 미혹합니다. 마지막 순간까지, 주님의 온전한 순종은 십자가를 막으려는 그들의 시도를 무력화하였습니다.

## 하나님의 구원 계획을 완성하려는 자: 예수 그리스도

종교 지도자들로부터 빌라도에게 죽여달라고 넘겨진 예수님은 절제된 답변만 하실 뿐입니다. 예수님은 '유대인의 왕'이라는 죄명으로 죽으셔야 했기 때문입니다.

십자가 위에서, 예수님은 쓸개 탄 포도주를 마시지 않으십니다. 박윤선 박사는 다음과 같이 주석합니다. '그는 십자가의 고통을 무감각하게 받으려 하시지 않고, 그 고통을 그대로 받으시려고 깨어 계시기 원하셨다.'[11] 인류 역사의 가장 위대하고 고결한 순간, 하나님의 구원 계획의 정점에서 그 의미를 퇴색시키지 않으십니다. 그 모든 고통을 온몸으로 당하십니다.

> 27:46 제구시쯤에 예수께서 크게 소리 질러 이르시되 엘리 엘리
> 라마 사박다니 하시니 이는 곧 나의 하나님, 나의 하나님,
> 어찌하여 나를 버리셨나이까 하는 뜻이라

예수님의 십자가 수난은 육체적인 고통뿐이 아니었습니다. 하나님께 버림받은 영혼이 느끼는 모든 감정이었습니다.[12] 주님은 그렇게 온몸으로, 온 영혼으로 인류의 왜곡된 역사의 죄악을 담당하셨습니다.

## 하나님의 계획을 저지하려는 자들: 모든 대제사장과 백성의 장로들

광야의 시험 이후, 사탄은 계속해서 예수님의 십자가를 저지하기 위해 자신의 부하들을 파송하였고 그 이야기는 종교 지도자들과의 논쟁으로 남아있습니다.

---

11  박윤선, 『성경주석: 마태복음』, (서울: 영음사, 2016), 56.
12  크레이그 L. 블롬버그, "마태복음", 『성경신학 스터디바이블』, 1895.

예루살렘 입성 후, 예수님은 종교 권력자들을 외통수로 몰아넣었고 그들은 결국 유월절에 예수를 죽여야 했습니다. 그들에게 예수님의 죄 유무는 중요하지 않습니다.(27:3~4) 이들은 이미 예수님을 죽이려고 작정하였기 때문입니다.(27:1) 이들은 법정에서 예수를 고소하고 불리한 증언을 하며(12, 13절) 백성을 선동합니다.(20절)

## 광야 그리고 십자가

27:41 그와 같이 대제사장들도 서기관들과 장로들과 함께 희롱
      하여 이르되
27:42 그가 남은 구원하였으되 자기는 구원할 수 없도다 그가 이
      스라엘의 왕이로다 지금 십자가에서 내려올지어다 그리하
      면 우리가 믿겠노라
27:43 그가 하나님을 신뢰하니 하나님이 원하시면 이제 그를 구
      원하실지라 그의 말이 나는 하나님의 아들이라 하였도다
      하며

대적자들은 어떻게든 하나님의 계획을 무산시키려 노력합니다. 그것은 십자가에서 내려오라는 것입니다.

수치와 모욕을 당하지 말고, 비참한 인생으로 끝나지 말고 위대한 모습으로 대중 앞에서 보이라는 말입니다. 영웅과 같은 능력 있는 자의 모습을 보이면 모든 사람에게 메시아로 하나님의 아들로 인정받을

거라는 속삭임입니다. 이러한 유혹은 광야의 시험과 무척이나 닮았습니다.

수치와 모욕을 당하는 것 대신 영웅처럼 하나님의 아들로 인정받을 수 있다. (성전에서 뛰어내리라) 십자가를 피하는 방법으로 너의 메시아 사역으로 얻을 영광을 성취할 수 있다. (나에게 절하라)

예수님은 사탄의 최종 시험 또한 광야에서와 같이 승리하셨습니다. 아버지의 구원 계획에 대한 확고한 신뢰(믿음), 십자가를 견디고 하나님께서 주실 그 크신 영광에 대한 확실 소망, 그리고 하나님에 대한 사랑과 경외함으로 승리하셨습니다.

그리고 이 모든 시험을 이길 수 있었던 이유로 예수님의 확고한 자아 정체성을 빼놓을 수 없습니다. 광야에서 옛 언약의 이스라엘(하나님의 아들)은 빵(떡)보다 더욱 하나님의 말씀을 기준으로 살아가는 존재라는 자아 정체성을 가져야 했습니다. 이것이 사탄의 첫 번째 시험 제목입니다.

마지막 십자가를 지시기까지 주님은 "하나님의 아들 그리스도", "유대인의 왕"이라는 답변 이외에 침묵으로 일관하십니다. 이것이 자신이 죽는 이유(신성모독)이기도 하지만 예수님의 확고한 자아 정체성을 보여주는 대목이기도 합니다.(26:63, 64, 27:11) 동서고금을 막론하고 자기 인생의 소명을 이루는 자들은 자신의 정체성에 대한 분명한 인식이 있습니다. 성도의 정체성이 세상의 시험과 고난을 이기는 굳건한 토대입니다.

## 적용 및 기도

1) 예수님은 마지막까지 하나님 말씀의 성취를 최고의 가치로 여기
   셨고 십자가로 승리하셨습니다. 주님은 자신의 죽음이 갖는 구속
   사적 의미와 십자가 이후 자신이 얻을 그 큰 아버지의 영광을 너
   무나 잘 알고 계셨습니다. 이것은 성도가 인생의 고통의 길을 감
   내할 수 있는 이유이기도 합니다. 성도의 인생은 죽음이 끝이 아
   닙니다. 영생의 부활로 우리는 영광된 진짜 삶을 살아가게 될 것
   입니다.

2) 세상은 신자들에게 영웅처럼 성공하라고 말합니다. 부와 명예를
   얻고서도 하나님의 자녀로 당당히 살아갈 수 있다고 말합니다.
   그러나 십자가를 통과하지 않는 방법은 비성경적입니다. 신자는
   하나님 나라의 가치를 위해 수치와 손해를 감수하는 자입니다.

3) 예수님의 자아 정체성은 광야와 십자가 시험에서 승리하는 큰 동
   력이었습니다. 신자의 정체성 또한 이 세상에서 승리하는 가장
   큰 동력입니다. 하나님의 자녀라는 정체성은 하나님께서 특별히
   창조한 존재라는 정체성으로부터 자라납니다.

# [28장]
# 모든 민족을, 세상 끝날까지

## 문맥

대적자들의 끈질긴 시험에도, 예수님은 끝까지 순종하심으로 그분의 사명을 성취하셨고 그것으로 주님은 하늘과 땅 위의 모든 권세를 받으셨습니다.(28:18) 이 권세는 첫 사람 아담의 불순종으로 사탄에게 넘겨진 것이었습니다.(눅 4:6)

마태가 책의 끝맺음으로 선택한 주님의 말씀, 그 의미를 다 알 수는 없겠지만 "십자가 부활의 복음이 이방 모든 민족에게 전해져야만 한다"라는 그의 절박한 호소가 느껴집니다. 특별히 이방 땅과 같은 갈릴리를 강조하는 것도 같은 맥락으로 이해됩니다.(28:7, 10, 16)

대적자들은 부활을 막을 수 없었지만, 이 부활의 복음이 전파되는 것을 끝까지 저지하려 합니다.(28:11~15) 그러나 예루살렘에서 하늘과 땅 위의 모든 권세를 회복하신 주님은 이제 그분의 제자들을 파송하십니다.

## 지상명령

이 지상명령의 해석에 많은 견해가 있습니다. 왜곡 없는 이해를 위해 원어에 가깝게 직역해 보았습니다. 4개의 동사 형태가 이 말씀을 이해하는 데 도움이 됩니다.

포류텐테스(πορευθέντες): 과거분사 수동태 주격 / (~되어진 후) 가게 된 후 또는 보내어진 후

마테튜사테(μαθητεύσατε): 2인칭 명령형 / 너희는 제자 삼으라

밥티존테스(βαπτίζοντες): 현재분사 능동태 주격 / 세례를 주면서

디다스콘테스(διδάσκοντες): 현재분사 능동태 주격 / 가르치면서

〈직역〉

a. 하늘과 땅 위의 모든 권세를 나에게 주셨다.

b. 그러므로 너희는 가서(보내어진 후) 모든 민족을 제자 삼으라

b1. 아버지와 아들과 성령의 이름으로 그들에게 세례를 주면서,

b2. 내가 너희에게 명령한 모든 것을 지키도록 가르치면서,

c. (그리고) 보라 내가 너희와 함께 세상 끝날까지 모든 날에(순간에) 있을 것이다.

**b) 그러므로 너희는 가서(보내어진 후) 모든 민족을 제자 삼으라**

'가서'라고 번역된 단어는 과거분사 수동태로 사용되어 수동의 의미를 포함하는 것이 더 좋은 번역이 될 것입니다. (제자들은 오순절 이후에

각 민족으로 보내어집니다.)

예수님께서 그분의 제자들을 보내십니다. 예수님께서 제자들을 세상으로 보내실 수 있는 이유는 하늘과 땅 위의 모든 권세를 얻으셨기 때문입니다.(a) 또한 그 권능의 왕께서 그 제자들과 모든 순간에 함께하실 것입니다.(c)

### b1, b2) 세례를 주면서, 가르치면서

세례를 주는 것과 가르치는 것에 사용된 분사는 '~하면서'로 해석하는 게 맞습니다.(cf. 메이첸 헬라어) 따라서 제자 삼는 방법에 대한 말씀입니다. 이 의미를 담아서 해석하면 아래처럼 해석할 수 있습니다.

"모든 민족을 아버지와 아들과 성령의 이름으로 세례 주면서, 내가 명령한 모든 것을 지키도록 가르치면서 제자 삼으라."

### c) 세상 끝날 때까지; 모든 권세를 가진 왕의 사역

사탄과 그의 제자들의 방해가 계속될 것입니다. 그러나 모든 민족을 제자 삼는 일은 그분의 제자들을 보내시는 만왕의 왕의 사역입니다. 세상 끝날 때까지 하늘과 땅 위의 모든 권세를 가지신 만유의 왕께서 늘 함께하십니다. 그 왕의 권능으로 이 일이 성취될 것입니다.

### 예수님의 명령은 무엇인가?

마태는 누구보다 산상수훈에서 예수님의 말씀들과 명령들을 잘 기록하고 있습니다. 마태가 가장 강조하는 부분이 산상수훈(5~7장)이라고 할 수 있습니다. 그리스도인이라면 마땅히 산상수훈의 말씀을 삶으로 살아내려 힘써야 할 것입니다. 그의 나라와 그의 의를 구하는 외식 없는 삶, 주님은 그분의 명령들을 생명 다해 지켜내는 제자들을 사용하셔서 모든 민족을 제자 삼으실 것입니다.

### 적용 및 기도

1) 우리는 삶의 모든 영역에서(가서) 그리스도인의 정체성을 가지고 (세례를 베풀어서) 그리스도인처럼 살아내는(주님의 모든 명령을 지키도록) 그리스도인들을 양성해야 합니다(제자 삼으라).

2) 대적자들의 방해는 세상 끝날까지 계속될 것입니다. 그러나 만왕의 왕 되신 주님께서 이 일을 완성하실 것입니다.

3) 마지막 순간까지 순종하신 주님은 영광의 보좌 우편에 계셔서 그분의 마지막 사역(모든 민족을 제자 삼는)을 완성하실 것입니다. 말씀에 외식함 없이 끝까지 순종하는 주님의 제자들을 양육하시고 파송하실 것입니다. 이 귀한 영광의 사역에 동참하는 자들이 더욱 많아지기를 소원합니다.

## · 참고 문헌 ·

김경섭 편찬. 『프리셉트 성경: 마태복음』. 2016.

박윤선. 『주석성경』. 서울: 영음사, 2016.

류모세. 『역사드라마로 읽는 성경』. 용산: 두란노 서원, 2013.

황원하. 『마태복음』. ed. 임경근 and 곽대영, 대한예수교장로회 총회출판국, 2014.

Carson, D. A. 엮음. 『IVP 신학성경사전』. 박세혁, 원광연, 이용중 옮김. 서울: 복 있는 사람, 2021.

O. Palmer Robertson. 『계약신학과 그리스도』. 김의원 옮김. 서울: 사)기독교문서선교회, 2015.

Leon Morris. The Gospel according to Matthew, 1992.

Ham, Ken. Beemer, Britt. Hillard, Todd. 『Already Gone』. 2009.


〈헬라어 사전〉

Bauer, Walter. 『바우어 헬라어 사전』. 이정의 옮김. 서울: 생명의 말씀사, 2017.

J.H.Thayer; H.Reisser.